燃旺信仰的火焰

原来党课可以这么上

聂 鑫◎著

新 华 出 版 社

图书在版编目（CIP）数据

燃旺信仰的火焰 / 聂鑫著. -- 北京：新华出版社, 2022.8（2025.2重印）
ISBN 978-7-5166-6385-1

Ⅰ. ①燃… Ⅱ. ①聂… Ⅲ. ①中国共产党－党员－思想政治教育－学习参考资料 Ⅳ. ①D261.42

中国版本图书馆CIP数据核字（2022）第147796号

燃旺信仰的火焰

作　　者：聂　鑫　　**顾　　问**：刘　勤

出 版 人：匡乐成　　**选题策划**：赵怀志
责任编辑：赵怀志　沈文娟　祝玉婷　　**装帧设计**：刘宝龙

出版发行：新华出版社
地　　址：北京石景山区京原路8号　　**邮　　编**：100040
网　　址：http://www.xinhuapub.com
经　　销：新华书店、新华出版社天猫旗舰店、京东旗舰店及各大网店
购书热线：010－63077122　　**中国新闻书店购书热线**：010－63072012

照　　排：六合方圆
印　　刷：大厂回族自治县众邦印务有限公司

成品尺寸：170mm×240mm　1/16
印　　张：15.5　　**字　　数**：140千字
版　　次：2022年11月第一版　　**印　　次**：2025年2月第六次印刷

书　　号：ISBN　978-7-5166-6385-1
定　　价：39.00元

序 言

一本有吸引力的党员教育培训教材

李 松

（新华社记者、时政类畅销书作家）

今朝襄盛会，华夏谱新篇。值党的二十大胜利闭幕不久，湖北云梦县聂鑫同志撰写的《燃旺信仰的火焰》一书由新华出版社出版，面向全国发行。该书以习近平新时代中国特色社会主义思想为指导，紧密联系新时代中国特色社会主义生动实践，对党员干部关心的一些问题作了深入浅出的解读，观点权威准确、语言通俗易懂、文风清新简洁、形式活泼多样。读后，深深感到这本书有以下几个鲜明特点。

一、视野开阔引人入胜

这本书以理论高度、历史视角、世界眼光深刻分析问题，在人类社会发展历程中找准时代新坐标，在世界浩浩荡荡的洪流中把握前进大趋势，上下五千年、纵横八万里，读起来思接千载、视通万里。

一是理论和实际相结合。这本书以习近平新时代中国特色社会主义思想为指导，坚持用马克思主义立场观点方法来认识和分析问题，实事求是地进行理论阐释和实践解读，做到理性客观、全面辩证。比如，本书在阐释新时代，在实现中华民族伟大复兴中国梦的伟大征程中，一方面，我们用几十年时间走完了发达国家几百年走过的工业化进程；另一方面，也意味着当前和今后一个时期必将进入各种风险挑战不断乃至集中显露的时期，面临的重大斗争不会少。

二是历史和现实相贯通。历史是最好的教科书，论从史出，这本书将党史、新中国史、改革开放史、社会主义发展史与党领导下的中国特色社会主义现代化建设实际结合起来，增强内容的“厚度”，从而提升党员教育的理论说服力。比如，书中将历史与实际相结合，从对党的历史的理解和把握中弄清楚中国共产党为什么能，中国特色社会主义为什么好，归根到底是马克思主义行，是中国化时代化的马克思主义行等基本道理。

三是国际和国内相关联。这本书立足中国、放眼世界，在国际重大时事中彰显中国政治的优越性，激励党员同志们要保持清醒的头脑，秉持初心，团结奋斗。比如，书中从时代大潮、全球风云中分析演变机理、探究规律，提出了“为世界谋大同的中国情怀”这一观点。同时，书中饱含着中华民族优秀传统文化养分，处处可见中国元素、中国精神。

二、故事经典扣人心弦

这本书之所以让大家看得懂、记得牢、做得到、用得上，就是用好了身边的素材，比如红色案例、鲜活故事、反面教材等，让理论讲解深入人心，真正达到以红色故事服人、以鲜活故事动人、以反面故事触人的效果。

一是以红色故事服人。红色案例能起到更好地传承红色革命精神、坚定红色革命信念的作用。这本书通过讲述触及党员干部灵魂、引起思想共鸣的红色案例，从而更好地教育引导广大党员干部坚定理想信念、筑牢初心使命。比如，书中《捍卫“两个确立” 做到“两个维护”》一文，用革命先辈的红色案例论证了“两个确立”，是历史和时代的选择，具有厚重的历史依据、科学的理论依据和充分的实践依据。

二是以鲜活故事动人。鲜活的故事、生动的例子能让讲解更接地气。这本书把生涩难懂的理论知识转化为“大白话”，用“小角度”讲清“大道理”，用“身边事”讲实“硬道理”，用“新角度”讲透“老道理”，让党员教育入心入脑。比如，书中《如何成就“最燃党课”》一文中提到，毛泽东在抗大讲党课，讲到“矛盾”一词时，他举例说，矛盾就是打架。

三是以反面故事触人。党课不仅要多讲正面典型，还要用反面教材开展正反对比，达到警示人的目的。相对于正面典型的示范引导作用，这本书中反面典型的当头棒喝更让人心惊肉跳、发人深省。书中用苏联解体的历史悲剧印证了理想的动摇，是最危险的动摇；信念的滑坡，是最致命的滑坡。

三、内涵丰富耐人回味

作为一本优秀的通俗理论读物，《燃旺信仰的火焰》不仅立意高远，有高度、有深度，而且逻辑严谨、文风朴实、设计新颖，初入眼帘便让人手不释卷、欲罢不能，读后更是回味无穷、思之再三。

一是逻辑严谨。文章有条理，思路便显得清晰，否则，次序混乱，前言不搭后语，读者便很难理解文章要表达的主要内容是什么。而这本书中故事之间的穿插思维缜密、逻辑严谨，整个行文如流水一般，让人感觉就像一次轻松愉悦的完美旅行，去品味着原本枯燥无味的党课中的“风土人情”。

二是文风朴实。朴实自然、通俗易懂的语言可以让读者有一种亲切感，身临其境。这本书无论是使用民间俗语还是成语典故，既能一针见血直指问题，又能实实在在言之有物，让人一目了然。书中大量运用鲜活的事例、详实的数据，把理论形象化、生动化，让读者一目了然、印象深刻，大大提升了趣味性和可读性。

三是设计新颖。党员教育书籍贵在实用，这本书根据广大党员的实际需求编写，在内容上推陈出新、形式上不拘一格，简约之中彰显深刻内涵。另外，书中不仅附有《中国共产党章程》，还附有《党员政治生日纪念》《“七一”致党员的一封信》等单页，党组织可自行将党员的个人信息填写上去，为每名党员私人定制一份独特的学习纪念品。

只想和您谈谈心

——致读者的一封信

亲爱的读者朋友：

最近还好吗？在这个物质生活极大丰富、科学技术飞速发展的今天，我们的娱乐和休闲方式已逐渐被改变，但当纷繁复杂的世界，牵引着我们疲于向外追逐的时候，阅读党史，能让我们静下心来，回归自我，从党的百年伟大奋斗历程中汲取立足新阶段、奋进新征程的智慧和力量。

今天，在这个海量阅读的年代里，通过本书，让我们心与心相遇，是我莫大的荣幸。我撰写本书的初心并不是为了向您讲讲党课，而是只想和您谈谈心。在书中，我会以小载体谈谈大道理、小角度聊聊大观点、小事例回答大问题的模式，和您一起把学习党史这个有意义的事情做得有意思，凸显党员教育的有效性，向党献礼！

当然，在撰写本书的过程中，许多专家、学者所撰写的专著和论文，给了我许多启迪，同时，本书也引用了一些经典古文、历史事件以及现代书籍叙述的典型案例和网络媒体报道的真实资料。在此，我谨向这些文字权利所有者致以诚挚的谢意。

在每个工作结束后的疲惫夜晚，在某个难得闲暇的午后，您的一杯茶，我的一本书，这样的阅读时光，是我们都向往的。因为，有阅读时光的生活，就是好的生活，有共产主义信仰的人生，就是有趣的人生。

为了可以成为您找得到、聊得来、信得过的陪伴者和守护者，我开通了名为“笔杆子的秘书”的抖音号，您的留言，我会及时给予回复。愿我们珍惜缘分、携手相伴，享受“岁月静好、现世安稳”的书香生活！

聂 鑫

2022年10月1日

目录
Contents

1 捍卫“两个确立” 做到“两个维护”

党的二十大通过的关于《中国共产党章程（修正案）》的决议强调：“两个确立”是党在新时代取得的重大政治成果，是推动党和国家事业取得历史性成就、发生历史性变革的决定性因素。

我们必须深刻理解“两个确立”的决定性意义，更加紧密地团结在以习近平同志为核心的党中央周围，全面贯彻习近平新时代中国特色社会主义思想，为新时代新征程再添胜利荣光。

一、“两个确立”的形成

坚强的领导核心和科学的理论指导，是关乎党和国家前途命运、党和人民事业成败的根本性问题。“两个确立”，是历史和时代的选择，具有深厚的历史依据、扎实的理论依据和充分的实践依据。

（一）深厚的历史依据

毛泽东同志强调：“全党同志必须团结在中央的周围，任何破坏团结的行为都是罪恶，只要共产党人团结一致，同心同德，任何强大的敌人，任何困难的环境，都会被我们战胜的。”他指出：“要知道，一个队伍经常是不大整齐的，所以就要常常喊看齐，向左看齐，向右看齐，向中看齐。我们要向中央基准看齐，向大会基准看齐。看齐是原则，有偏差是实际生活，有了偏差，就喊看齐。”毛泽东同志这些重要论述，不是从理论到理论，而是从活生生、血淋淋的革命斗争中得出的结论，是必须始终遵循、颠扑不破的真理。

1935 年 6 月，红一方面军与红四方面军在四川懋功会师。张国焘在“北上”还是“南下”问题上与党中央产生分歧，自恃军事力量强大，并以此要挟中央，公然走上分裂党和红军的道路。

1937 年 11 月，王明从苏联回国后，以共产国际的“钦差大臣”自居，把个人凌驾于党中央之上，不尊重、不服从中央领导，严重干扰了毛泽东同志和党中央正确主张的贯彻执行，造成极大的思想混乱。

邓小平同志在回顾党的领导集体时曾指出：“遵义会议以前，我们的党没有形成过一个成熟的党中央。从陈独秀、瞿秋白、向忠发、李立三到王明，都没有形成过有能力的中央。”由于缺少领导核心和革命理论做指导，党的事业几经挫折，甚至面临失败危险。

1935 年召开的遵义会议事实上确立了毛泽东同志在党中央和红军的领导地位。1938 年召开的党的六届六中全会巩固了毛泽东同志的领导地位，并明确提出“四个服从”原则。经过延安整风，党的六届七中全会通过《关于若干历史问题的决议》，党的七大选举产生了以毛泽东同志为核心的成熟的中央领导集体。

将毛泽东同志确立为党的第一代领导核心、毛泽东思想作为马克思主义中国化的革命理论指导，是中国革命和建设发展的必然。正是因为有了毛泽东同志这样的党的领袖，中国革命才避免了走很多弯路，并最终取得了辉煌的胜利。

新中国成立后，在以毛泽东同志为核心的党中央的坚强领导下，我国国民经济迅速得到恢复，新生的政权得以巩固，各项事业都取得了巨大成就。

党的十一届三中全会以后，因为有邓小平同志这个第二代领导集体的核心，党的领导始终是稳定的。正是在总结中国革命、建设和改革历史经验的基础上，邓小平同志深刻指出：“任何一个领导集体都要有一个核心，没有核心的领导是靠不住的。”

波澜壮阔的历史往往深藏着现实之源、试金之石。我们党的核心不是自然而然形成的，而是在推进伟大斗争中确立并巩固的，同时也是不断经受着历史检验的。

进入新时代，党的十八届六中全会正式确立习近平同志党中央的核心、全党的核心地位，党的十九大把坚定维护以习近平同志为核心的党中央权威和集中统一领导写入党章，并将习近平新时代中国特色社会主义思想确立为党的指导思想，党的十九届六中全会审议通过的《中共中央关于党的百年奋斗重大成就和历史经验的决议》（以下简称“《决议》”）鲜明提出“两个确立”，顺应了党心军心民心所向，同样是历史的选择。把“两个确立”写进“《决议》”，既是历史发展的结果、历史奋斗的结晶，也是历史经验的启迪、历史规律的昭示，充分彰显了我们党高度的历史自觉和历史自信。

（二）扎实的理论依据

马克思指出：“每一个社会时代都需要有自己的大人物，如果没有这样的人物，它就要把他们创造出来。”这说明，领袖人物及其权威是社会时代发展的产物，任何一个组织都要有一个领导集体特别是要有一个核心。

恩格斯在《论权威》一书中指出：“能最清楚地说明需要权威，而且是需要最专断的权威的，要算是在汪洋大海上航行的船了。那里，在危险关头，要拯救大家的生命，所有的人就得立即绝对服从一个人的意志。”恩格斯在 1872 年致卡洛·特尔察吉的信中反思巴黎公社的失败时指出：“巴黎公社遭到灭亡，就是由于缺乏集中和权威。”

列宁更是重视领袖和科学理论对无产阶级政党的作用，他深刻指出：“造就一批有经验、有极高威望的党的领袖是一件长期的艰难的事情。但是做不到这一点，无产阶级专政、无产阶级的‘意志统一’就只能是一句空话。”“在历史上，任何一个阶级，如果不推举出自己的善于组织运动和领导运动的政治领袖和先进代表，就不可能取得统治地位。”

一方面，领袖作为革命阶级的权威，具有丰富的理论建树和实践经验，可以指导全党统一意志和行动；另一方面，领袖作为政党的核心和人民的向导，具有较高的威信，便于组织教育工农大众提升革命意识。无产阶级若缺乏领袖的领导，革命将很难完成。

孙中山曾告诫说：“一盘散沙，才是中华民族最大的敌人。”对于无产阶级政党来说，领导核心和革命理论的确立，是马克思主义的内在属性和根本要求，

如果没有将马克思主义“两个确立”的思想中国化，我们这样一个有着近1亿名党员的大党、有着56个民族和14亿多人口的大国，很容易会成为“一盘散沙”，会什么事情也办不成。

“两个确立”蕴含着马克思主义建党学说的精髓要义，是我们党治党强党历史经验的创造性升华，标志着我们党对共产党执政规律、社会主义建设规律、人类社会发展规律的认识达到了新高度。“两个确立”是真理和价值的有机统一，必将在强国强军新征程中进一步彰显巨大真理魅力和实践伟力。

（三）充分的实践依据

党的领导集体的核心是在革命、建设和改革的实践中逐渐形成，并且通过长期的考验和锻炼而为全党所公认的。党的十八届六中全会明确习近平同志的核心地位，正式提出“以习近平同志为核心的党中央”，是中国共产党的郑重选择。

一方面，明确习近平同志的核心地位，是继续领导和推进伟大斗争、伟大工程、伟大事业、伟大梦想的客观需要。

当前，我们正处于世界百年未有之大变局和实现中华民族伟大复兴战略全局交汇的关键时期。伟大复兴目标越是接近，形势越是复杂，

任务越是艰巨，越需要发挥中国共产党领导的政治优势和中国特色社会主义的制度优势，把各方面智慧和力量凝聚起来，形成海内外中华儿女心往一处想、劲往一处使的强大合力。

进入新时代，以习近平同志为核心的党中央始终坚持大团结大联合，团结一切可以团结的力量，调动一切可以调动的积极因素，画出最大的同心圆，形成最大的“公约数”，最大限度地凝聚起共同奋斗的力量。

只要我们不断巩固和发展各民族大团结、全国人民大团结、全体中华儿女大团结，铸牢中华民族共同体意识，形成海内外全体中华儿女心往一处想、劲往一处使的生动局面，就一定能够汇聚起实现中华民族伟大复兴的磅礴伟力。

另一方面，习近平同志成为我们党的核心，也是在领导和伟大斗争、伟大工程、伟大事业、伟大梦想的实践中自然形成的。

党的十八大以来，我们党统揽伟大社会革命和伟大自我革命，从打赢脱贫攻坚战到全面建成小康社会，从创造新的经济快速发展奇迹、社会长期稳定奇迹到实现人民军队转型重塑，从建设美丽中国到推动构建人类命运共同体，中国发展成就举世瞩目。

“中国奇迹”的背后，是坚强的领导核心、先进的指导理论。“《决议》”从十三个方面分领域科学总结新时代党和国家事业取得的历史性成就、发生的历史性变革，深刻揭示其根本在于有以习近平同志为核心的党中央领航掌舵，有习近平新时代中国特色社会主义思想指引航向。

“《决议》”用“十个明确”对习近平新时代中国特色社会主义思想的核心内容作了概括。这些战略思想和创新理念，是党对中国特色社会主义建设规律认识深化和理论创新的重大成果。实践充分证明，习近平新时代中国特色社会主义思想是当代中国马克思主义、21世纪马克思主义，是中华文化和中国精神的时代精华，实现了马克思主义中国化的新飞跃。

有了“两个确立”，全党就有定盘星，全国人民就有主心骨，“中国号”巨轮就有掌舵者，强国强军事业就能风雨无阻、高歌行进。

二、“两个确立”的特质

“两个确立”为实现中华民族伟大复兴提供了强有力的保证和行动指南。我们从多个维度来看，就会发现“两个确立”具有人民至上、实事求是、民主集中的非凡特质。

（一）人民至上

危急关头的考验，最能见证中国共产党人一切为了人民的坚定立场和赤诚初心。我们党的核心每作出一个为民利民的决策，每指挥一个为民利民的行动，就能给民心增添一份温暖，同时也增加一份源于民心深处的威望。新时代的每一场斗争都雄辩地证明，以习近平同志为核心的党中央带领全党始终坚定地同人民站在一起。

2020年，在抗疫斗争中，面对来势汹汹的新冠肺炎疫情，以习近平同志为核心的党中央第一时间实施集中统一领导，提出坚定信心、同舟共济、科学防治、精准施策的总要求，明确坚决遏制疫情蔓延势头、坚决打赢疫情防控阻击战的总目标，周密部署武汉保卫战、湖北保卫战。

党中央一声令下，全国各条战线、各个领域，东西南北中，都紧急动员起来，快速形成一体联动、联防联控的局面。这样的动员规模、动员能力、动员效率，世所罕见，史所罕见。

从重症病房争分夺秒地救治，到城乡社区挨家挨户地排查；从工厂车间加班加点地生产，到科研实验室夜以继日地攻关……3900多万名党员干部不分昼夜，460多万个基层党组织高效运转，党旗在疫情防控斗争第一线高高飘扬，党中央的权威在民心深处牢牢扎根。

我们用一个多月的时间初步遏制疫情蔓延势头，用两个月左右的时间将本土每日新增病例控制在个位数以内，用三个月左右的时间取得武汉保卫战、湖北保卫战的决定性成果，夺取了全国抗疫斗争重大战略成果。

美国加州大学“中国数据实验室”2020年发布在线调查报告指出，中国人对其政府的信任度和支持度持续上升，疫情后上升趋势更加明显。

反观美国，一些政客坚持“政治私利至上”“资本至上”，不惜淡化疫情，不讲科学，甚至“甩锅”、推责，导致疫情大暴发，人民生命健康受到极大侵害。

习近平总书记回忆起陕北黄土高原上老百姓对幸福生活的目标，从“能吃饱肚子”到“吃‘净颗子’”，再到“想吃细粮就吃细粮，还能经常吃肉”，习近平总书记曾深情讲述：“实际上我们这一代人也有这个情结，一定要把我们的老百姓，特别是我们的农民扶一把。社会主义道路上一个也不能少啊，共同富裕。”

从陕北开始，习近平一直在跟扶贫打交道，他坦言自己“就是从贫困窝子里走出来的”。知之深，爱之切，乡亲们的生活存在困难，让习近平很揪心。

正是在以习近平同志为核心的党中央坚强领导下，2020年底，中国如期完成脱贫攻坚目标任务，提前10年实现《联合国2030年可持续发展议程》减贫目标，为全球减贫事业发展和人类发展进步作出了重大贡献。

习近平总书记指出：“谁把人民放在心上，人民就把谁放在心上。”我们党的核心始终着眼人民对美好生活的向往去举旗定向、谋篇布局，始终依靠人民的智慧和力量去攻坚克难、强基固本，必然得到最广大人民的衷心拥护和坚定支持，从而确立起应有的权威。

（二）实事求是

毛泽东同志1941年在《改造我们的学习》中曾对实事求是作过经典阐述，他说：“‘实事’就是客观存在着的一切事物，‘是’就是客观事物的内部联系，即规律性，‘求’就是我们去研究。”我们党实事求是的思想路线，是在同以教条主义为主要特征的主观主义的长期斗争中形成的。

1930年春，毛泽东同志写作《反对本本主义》，论述了理论联系实际的重要性，在党的历史上第一次明确地提出了思想路线问题。在延安整风运动之前，以有共产国际背景的王明、博古为代表教条主义者，把马克思主义的书面个别词句当作僵死的教条，生搬硬套，拒绝对具体问题进行具体分析，反对把马克思列宁主义的普遍真理与中国革命的具体实践相结合，差点儿给中国革命带来灭顶之灾。

1945年，党的七大胜利召开，确立了毛泽东思想为党的指导思想。实事求是的思想光辉随着这一团结的大会、胜利的大会载入党的史册，为争取抗战的胜利和实现中国的光明前途准备了条件。

邓小平说：“我是实事求是派。”“我读的书并不多，就是一条，相信毛主席讲的实事求是。过去我们打仗靠这个，现在搞建设、搞改革也靠这个。”

1978 年，在中国面临向何处去的重大历史关头，邓小平以他的远见卓识、丰富的政治经验、高超的领导艺术，强调实事求是是毛泽东思想的精髓，推动进行各个方面的拨乱反正。在他的指导下，党的十一届三中全会重新确立了解放思想、实事求是的思想路线，开启了中国改革开放和社会主义现代化建设的新时期。

习近平总书记深刻指出：“实事求是，是马克思主义的根本观点，是中国共产党人认识世界、改造世界的根本要求，是我们党的基本思想方法、工作方法、领导方法。不论过去、现在和将来，我们都要坚持一切从实际出发，理论联系实际，在实践中检验真理和发展真理。”

党的十八大以来，党中央统筹推进“五位一体”总体布局、协调推进“四个全面”战略布局，解决党和国家面临的重大问题、突出问题和紧迫问题。与此同时，我们党始终坚持统筹国内国际两个大局，把推动实现中华民族伟大复兴中国梦同推动构建人类命运共同体统一起来，既立足首先把中国的事情办好，又积极为人类进步事业作贡献。

实践证明，以习近平同志为核心的党中央始终坚持实事求是的思想路线，进一步把马克思主义基本原理同新时代具体实际结合起来，团结带领人民进行伟大斗争、建设伟大工程、推进伟大事业、实现伟大梦想，推动党和国家事业取得全方位、开创性历史成就，发生深层次、根本性历史变革，中华民族迎来了从富起来到强起来的伟大飞跃。

有了实事求是，我们党才能揭示和遵循规律进而领导人民创造出人间奇迹，党的指导思想才能迸发出强大的指导威力，党的核心的权威才能牢固确立起来。

（三）民主集中

民主集中制是马克思主义政党的根本组织原则，是党内政治生活正常开展的重要制度保障。中国共产党是按照马克思列宁主义建党思想建立的。

党的一大纲领指出，在组织原则方面，我们党采用苏维埃的形式，实行代表会议或代表大会制度，体现了民主集中制的思想。党的二大纲领首次确认了民主集中制的建党原则。

党的六大修改和通过的党章第一次明确规定，党的组织原则是民主集中制。此后，历次党的代表大会通过的党章都明确规定，民主集中制是党的根本组织原则。

早在 1937 年 10 月，毛泽东同志在同英国记者贝特兰的谈话中就指出：“只有采取民主集中制，政府的力量才特别强大，抗日战争中国防性质的政府必定要采取这种集中制。”1940 年 1 月，他在《新民主主义论》中再次强调了这一点。他认为“只有民主集中制的政府，才能充分地发挥一切革命人民的意志，也才能最有力量地去反对革命的敌人。”民主集中制的政府之所以“最有力量”，就在于它“将民主和集中两个似乎相冲突的东西，在一定形式上统一起来”。

要把我们这样一个大党大国治理好，就要掌握方方面面的情况，这就要靠发扬党内民主而来，靠各级党委、政府和广大党员、干部广泛听取民声、汇聚民意而来。重大项目该不该上马，民生政策该如何设计，发展与环保怎样统筹……现在，各地在推动重大决策时，通过民主恳谈、民主协商等多种形式倾听群众意见、汇集各方智慧，充分体现了我国社会主义民主有事多商量、遇事多商量、做事多商量的特点和优势，成为国家治理体系的重要组成部分。

实践也充分证明，民主集中制支撑和塑造了强大有力高效的政府，很好地满足了国家在一穷二白、百废待兴的基础上实现现代化必须集中优势资源和力量实现跨越式发展的需要。

邓小平同志曾指出，“民主集中制也是我们的优越性。这种制度更利于团结人民，比西方的民主好得多。我们做某一项决定，可以立即实施”。他认为“这个制度是最便利的制度，最合理的制度”。

新时代，在实现中华民族伟大复兴中国梦的伟大征程中，一方面，我们用几十年时间走完了发达国家几百年走过的工业化进程，创造了世所罕见的经济发展奇迹和社会稳定奇迹；另一方面，在这一快速发展的背后，也意味着当前和今后一个时期必将进入各种风险挑战不断乃至集中显露的时期，面临的重大斗争不会少。如果没有一个强大有力的政权，就无法切实有效地应对和化解各种风险和挑战。[①]

习近平总书记曾强调民主集中制“是科学合理而又有效率的制度”。“我们要坚持和完善民主集中制的制度和原则，促使各类国家机关提高能力和效率、增进协调和配合，形成治国理政的强大合力，切实防止出现相互掣肘、内耗严重的现象。”

可见，完善和发展中国特色社会主义制度，推进国家治理体系和治理能力现代化，必须重视坚持民主集中制。有了这一组织体系，党中央才有定于一尊、一锤定音的权威，党的核心才能发挥应有的作用，汇聚起实现中华民族伟大复兴的磅礴伟力。

---

① 张光辉：《民主集中制是我们的优越性》，《解放军报》2019 年 12 月 27 日，第 07 版。

三、“两个确立”的要求

“两个确立”是联系的，也是实践的、具体的。我们要从事关党和国家前途命运的战略高度，坚决维护习近平同志党中央的核心、全党的核心地位，时时体现忠诚、事事站稳立场、处处加强学习，坚定不移贯彻落实习近平新时代中国特色社会主义思想。

（一）时时体现忠诚

“两个确立”是深刻总结党的百年奋斗、党的十八大以来伟大实践得出的重大历史结论。踏上实现第二个百年奋斗目标新的赶考之路，我们要不断增强“四个意识”、坚定“四个自信”、做到“两个维护”，更加紧密地团结在以习近平同志为核心的党中央周围，全面贯彻习近平新时代中国特色社会主义思想，把“两个确立”真正转化为做到“两个维护”的思想自觉、政治自觉、行动自觉，在新时代新征程上展现新气象新作为。

“两个维护”不是抽象的而是具体的，不是口头的而是行动的，不是片面的而是全面的，不是有条件的而是无条件的，不是一时一地的而是随时随地的。

长征时，红军炊事员早上起来不是问“今天有没有米煮饭”，而是先问“往南走还是往北走”，这就是紧跟中央、认准方向的强烈意识。

作为共产党员其生命有两种，一种是自然生命，一种是政治生命。一个人如果丧失了忠诚，其政治生命就将完结，甚至还会导致自然生命的败亡。

河北省国税局原局长李真就是如此。李真在临刑前对新华社记者乔云华说：“苏联东欧的巨变，对我影响也很大。于是，我开始思考，社会究竟向何方发展？将来个人又何以立身？与其一旦江山易手，自己万事皆空，不如权力在握之时及早做经济准备。”于是他就肆无忌惮的疯狂弄钱。最后的结果是被判死刑。

美国著名作家阿尔伯特·哈伯德说过：“如果能捏得起来，一盎司忠诚相当于一磅智慧。” 我国也有名人这样说：“再多的智慧也抵不过一丝的忠诚”“忠诚胜于能力”。

对党忠诚是党章明确的党员义务，是每个党员入党宣誓时的郑重承诺。对党忠诚，是共产党人首要的政治品质。我们党一路走来，经历了无数艰险和磨难，但任何困难都没有压垮我们，任何敌人都没能打倒我们，靠的就是千千万万党员的忠诚。

2021 年 6 月，习近平总书记在青海考察时指出：“要崇尚对党忠诚的大德，广大党员、干部永远不能忘记入党时所作的对党忠诚、永不叛党的誓言，做到始终忠于党、忠于党的事业，做到铁心跟党走、九死而不悔。”

“两个维护”是衡量党员干部政治忠诚度的“试金石”，对党绝对忠诚首先要体现在践行“两个维护”的彻底和坚定上，真正做到党中央提倡的坚决响应、党中央决定的坚决照办、党中央禁止的坚决杜绝，决不能阳奉阴违做“两面人”、搞“伪忠诚”。

践行“两个维护”，要全天候、全方位、全身心体现在工作中，化为心头的信念、手中的力量、脚下的行动，经常对表对标，及时校准偏差，坚决纠正偏离和违背党的政治方向的行为，用心用情用力，真正融进血液、成为自觉。

（二）事事站稳立场

捍卫“两个确立”做到“两个维护”，要清醒看到，中国正处在百年变局交织的关键时刻，世界进入动荡变革时期，经济全球化遭遇逆流，单边主义、保护主义、霸权主义甚嚣尘上，对世界和平发展构成威胁；特别是美国为了维护自身在全球的霸权地位，搞“团团伙伙”和小圈子，在政治上打压中国，在经济上制裁中国，企图遏制中国的发展，剥夺中国人民过上幸福生活的权利。复杂严峻的国内外形势，对我国经济社会发展和中华民族伟大复兴大业的威胁不可小觑，也对巩固和强化党的领导核心、形成更加科学的理论指导提出了更高要求。

我们要在危机中育新机、于变局中开新局，推动全面建设社会主义现代化国家开好局、起好步，就必须始终在思想上、政治上、行动上同党中央保持高度一致，在思想上高度认同，政治上坚决维护，组织上自觉服从，行动上紧紧跟随，做到“三个坚决”，即“党中央提倡的坚决响应，党中央决定的坚决执行，党中央禁止的坚决不做”。做到“三个决不允许”，即“决不允许‘上有政策、下有对策’，决不允许有令不行、有禁不止，决不允许在贯彻执行中央决策部署上打折扣、做选择、搞变通”。对习近平总书记的指示批示，对党中央的决策部署，坚决不允许慢半拍，等一等，看一看；坚决不允许讲条件，为不作为、缓作为找理由；坚决不允许存侥幸，欺上瞒下，蒙混过关。坚定不移把增强“四个意识”、坚定“四个自信”、做到“两个维护”落实到经济社会发展的各项工作中去。

同时，践行“两个维护”的重要考验，就是在大是大非面前敢不敢亮剑，在紧要危急关头会不会斗争。共产党人的斗争是有方向、有立场、有原则的，这个方向、立场、原则就是在涉及“两个维护”的大是大非面前，不能搞爱惜“羽毛”那一套。

要发扬斗争精神、坚定斗争意志、增强斗争本领，始终以战斗的姿态、战士的担当，坚决与一切违背“两个维护”的行为作斗争，坚决防止和克服嗅不出敌情、分不清是非、辨不明方向的政治麻痹症。

要勇作疾风劲草、敢当烈火真金，对妄议的要坚决斗争，对跑偏的要勇于纠正，对缺位的要敢于较真，做到挺身而出亮明立场、理直气壮开展斗争、旗帜鲜明维护核心。

（三）处处加强学习

捍卫“两个确立”做到“两个维护”的能力来自学习上的定力。必须切实增强从理论高度把握精髓要义、做习近平新时代中国特色社会主义思想的坚定信仰者和忠诚实践者的思想自觉。

习近平新时代中国特色社会主义思想在系统回答一系列重大时代课题的进程中，提出了一系列原创性的治国理政新理念新思想新战略，以全新视野深化了对共产党执政规律、社会主义建设规律、人类社会发展规律的认识，是党的十八大以来历史性成就和历史性变革的重要理论结晶。

这一思想深深植根于中华文化的沃土之中，深刻汲取博大精深的中华优秀传统文化所蕴含的丰富哲学思想、人文精神、道德理念，是对中华优秀传统文化进行创造性转化、创新性发展的典范。坚持和发展这一伟大思想，就是真正坚持和发展马克思主义，就是真正坚持和发展中国特色社会主义。

首先要真学。学之愈深、信之愈真、行之愈笃。将真学作为重大政治责任，舍得花精力，全面系统学、及时跟进学、深入思考学、联系实际学，学出坚定信仰、学出忠诚可靠、学出使命担当。建立健全以“四个第一”为重点的学习对标制度，对习近平总书记重要讲话和重要指示批示精神，做到组织学习第一时间、谋划工作第一步骤、落实任务第一要求、督查考核第一内容，确保不延误、不遗漏、不打折、不走偏。在近 1 亿名党员和 14 亿多中国人民的心中画出最大的思想同心圆，更充分地发挥这一思想的真理伟力和实践威力。

其次要结合。结合是能力，是水平，是方法。结合就是要把自己摆进去，把工作摆进去，深刻领会蕴含其中的马克思主义立场、观点和方法，深刻领会贯穿其中的强大真理伟力和人格魅力，找准认知上的不足、能力上的短板和实践上的差距，不断锤炼科学思维，增强综合能力和驾驭能力，增强工作的科学性、预见性、主动性和创造性。同时，紧密结合本地改革发展实践，把学习宣传贯彻习近平新时代中国特色社会主义思想同党的建设结合起来、同本地各项重点工作结合起来、同重大节庆活动结合起来，在学以致用上做文章，在真懂真信上求突破。

2 如何成就“最燃党课”

党课是加强党性教育、保持党员先进性的基本途径。加强党课教育是新形势下提高党对意识形态领导力、夯实党的执政思想基础的需要，是建设学习型政党、提高全体党员执政素质和能力的需要。“讲党课”是学习教育的重要载体，是开展党员教育的重要途径，也是对党员干部的基本要求。要想让党课“燃”起来，就要在学习中增强本领、在思索中写好稿件、在实践中讲好党课。

一、在学习中增强本领

毛泽东同志视笔杆子同枪杆子一样重要，他不仅亲自撰写理论文章和往来电报，还写过不少堪为经典的新闻稿件。邓小平同志反复强调："拿笔杆是实行领导的主要方法""不懂得用笔杆子、不会拿笔杆子，这个领导就是很有缺陷的"。要讲好党课，就要乐于吃苦、善于借鉴、勤于实践，争做一名优秀的笔杆子。

（一）乐于吃苦

网上有人曾调侃道："搞材料，被人笑；手起泡，头发掉；耗烟草，费灯泡。"的确，写材料是一个艰难、孤苦、吃亏的活，但正是孤灯青案前撰写材料的种种磨炼，造就了人人钦佩的"笔杆子"。

一要不怕艰难，迎难而上。对刚刚接触写材料的人来说，要写好材料是一件很难的事情，但是越是难做的事情，越是具有价值。写材料是立身之本。如果是在机关单位跑腿打杂，换了谁还不会？写材料虽然辛苦一些，却是我们成长进步的一条捷径。

俗话说："读万卷书不如行万里路，行万里路不如阅人无数，阅人无数不如名师指路。"写材料的人长期跟在领导身边，接触事情的广度、深度非常人可比，而且在领导长期指导下，自身的思想和站位也会得到很大地提升。

二要不怕孤苦，以苦为乐。无数个节假日或夜晚，一栋大楼可能只开着一扇门、亮着一盏灯，那就是写材料人的办公室。有时候站在窗前，想着同龄人正在过着轻松自在的生活，而自己却是与一盏孤灯、一摞材料、一台电脑相伴，心里难免会感觉到孤苦。

但是，真正的高手，都耐得住寂寞，在无数个黯淡无光的日子里，默默蓄力，以量变换取质变。汉代大学者董仲舒，为了做学问，曾“三年不窥园”，最终成为一代大儒。任何耐不住寂寞、吃不下大苦的人，不仅在写作上很难有所作为，而且在其他方面也很难有所成就。

三要不怕吃亏，以亏为荣。在媒体上刊登的新闻或理论稿件可以署名，实现名利双收。但是，在机关单位写材料，写的大多数是内部材料，既无名又无利，甚至很多时候还要受委屈、挨批评。

俗话说：“吃亏是福，做人不要太计较。”世上什么学问都好学，最难学的是吃亏。我们要明白，在任何时候多学多做，都不是吃亏，是自我价值的体现，是个人经验的积累。我们应有“功成不必在我、功成必定有我”的气度胸襟，始终以默默无闻的心态去当无名英雄，在吃亏受累中提高素质、增强能力、获得收获，这样才能成长为真正的栋梁之材。

（二）善于借鉴

俗话说：“天下文章一大抄，看你会抄不会抄，抄来抄去有提高。”这个“抄”不是剽窃别人文章，而是要善于借鉴，在经过反复学习、仔细研究后，取其精华，去其糟粕。

一要注重资料积累。战国时期李斯在《谏逐客书》中说：“泰山不让土壤，故能成其大；河海不择细流，故能就其深。”写材料同样也需要靠积累。

要把材料写好，必须建立好“四个库”：一是上级精神素材库。

要留心收集上级文件和领导讲话等资料。二是本级情况素材库。把日常工作中单位发生的一些重要事情记录下来。三是外地经验素材库。收集与本级单位相同工作的经验做法。四是机关写作素材库。收集一些标题、提纲、案例、数据、金句、名言、警句等写作素材。

另外积累资料还应该做到“四有”：一是脑中有目录。储存参考资料时，要建立清晰的文件目录，并在脑中留下印象，等到需要的时候，就能大致知道从哪里找到相应的参考资料。二是手中有情况。大多数人储存参考资料都是使用电脑进行储存，电脑也有发生损坏的可能。所以在依靠电脑记录参考资料的同时，也要拿出本子简要摘记主要内容。三是家中有书房。家里配置一间书房，有利于将平时看到的一些有用的纸质资料整理归档，当然也有利于存放工具书。四是灵感有记录。随时随地记下自己的所见、所闻、所感以及突然迸发的思想火花和闪光语言。只要这样坚持下去，就一定能积久成学，获得提高。

二要跟着高手学习。俗话说：“听君一席话，胜读十年书。”事实证明，善于学习借鉴别人的成功经验或者失败的教训，可以让自己在工作中少走许多弯路。

向高手学习就要做到“四勤”：一是“眼勤”，就是要多看。知识是有继承性的，不管研究哪一门学问，不吸收前人、他人的成果，是不可能登上顶峰的，所以我们要多看高手写的材料。二是“耳勤”，就是要多听。高手们在讨论写材料时，是一场智慧碰撞的盛宴，既有高屋建瓴、睿智妙语，又有实战经验、心路历程，可以说精彩纷呈。所以我们要利用一切机会旁听高手怎么讨论开会。三是“手勤”，就是要多记。要把自己所学的有用资料都摘下来，把点滴的体会都记下来。写文章是一项创造性的艰苦劳动。四是“口勤”，就是要多问。

搞学问不能孤立无友，孤陋寡闻。在撰写材料的过程中，除了质疑问难之外，还需要在一起讨论，切磋琢磨。这样，学问才会有长进。所谓学问，就是有学有问，只学不问是不行的。

三要对照范文模仿。朱光潜先生在《谈文学》中讲道：“运用语言文字的技巧，一半根据对语言文字的认识，一半也要靠虚心模仿前人的范作。”善于模仿是提高写作水平的一个重要方法。

模仿要做到三点：一是懂得重新排列组合。一篇文章，文体采用甲的形式，结构融汇乙的骨架，内容涉足丙的涵盖，语言渊源于丁的精彩，甲、乙、丙、丁优化组合，是它又非它，使文章的素材来自“四面八方”，引用不单一，模仿的痕迹自然就看不见。二是懂得重新进行表达。很多文章内容不同，但格式相同；很多事情做法不同，但道理相同；很多故事情节不同，但是反映的意义相同。我们可以在领悟的基础上，采取替换、增减、优化等方式对其本意进行再表达。三是懂得结合工作实际。模仿他人的材料要与当前自身的实际情况相结合，找准切入点、抓住结合点、明确着力点，做到上下结合、内外结合和古今结合。

（三）勤于实践

“纸上得来终觉浅，绝知此事要躬行”。提高写作能力没有捷径可走，只有多动笔、勤动脑，才能写出好材料、多出精品。

一要从易到难。公文写作应遵循“先简单后复杂、先固定后变化、先熟悉后陌生”的规律，这是每个从事文字工作的同志都必须经历的过程。

具体来说，需要做到以下三点：一是先简单后复杂。先写一些简短的公文，例如，公告、通知、请示、函等难度不大的公文。一般来说，经过一段时间的实践，基本能掌握写作要领。接下来，写一些难度稍大的方案、总结、讲话等。二是先固定后变化。制度、规定、办法等便于借鉴，写起来相对容易，调研报告、经验材料、汇报总结等综合性比较强，难以把握。因此，可以先从格式相对固定的文体写起，然后再向变化较多的文体拓展。三是先熟悉后陌生。先从自己熟悉的领域写起，再向陌生的领域深化。比如，组织部的干部要先把干部考察材料、民主生活会材料等写好，然后再尝试着去写其他领域的材料。

二要善于总结。毛泽东同志在 1965 年与程思远谈话时说："我是靠总结经验吃饭的"。正是在不断地总结归纳中，我们走出了一条符合国情的中国特色社会主义道路，筑牢了事业发展的坚实基础。

总结就是要多"悟"，对过往的成功经验和失败教训进行经常性地反思，找出客观规律，从而不断进步。具体来说，需要做到以下三点：一是及时性地"悟"。定稿后的公文材料，通常是经过反复修改而成。无论是每一次修改后，还是每一次定稿后，都要及时总结其原因，找出优点和不足。二是定期性地"悟"。定期进行总结便于把握写材料的规律。限定一段时间，限定一个主题，当同一个问题二次出现甚至多次出现时，就可以总结其规律。三是针对性地"悟"。针对自己公文写作中的薄弱环节，要有针对性地进行总结。例如，写经验材料还不行，那么就要多花时间琢磨党报党刊、相关简报内参等采用经验材料稿件的规律。

三要经常练笔。被授予"加拿大总督功勋奖"的马尔科姆 · 格拉德威尔在《异类》一书中写道："人们眼中的天才之所以卓越非凡，并非天资超人一等，而是付出了持续不断的努力。一万小时的锤炼是任何人从平凡变成世界级大师的必要条件。”这就是著名的“一万小时定律”。所以，在写作的道路上，我们不相信天赋，更愿意相信“一万小时定律”，写作能力就像身上的肌肉，只要自己按科学的方法去锻炼，久久为功，时间长了，肌肉自然就会凸显出来。

动笔的本质作用是固化学习成果，动笔最重要的是多承担写作任务，真正做到分内的认真写、临时指派的积极写、别人求援的见缝插针写。另外，在平时不忙的时候，要抽出时间写一些新闻稿、理论稿等进行投稿，这样可以熟悉工作、提升能力和愉悦心情。

二、在思索中写好稿件

鲁迅先生说：“写不出来的时候不要硬写。”憋不出来，硬着头皮做文章，是件艰苦的事。如果想清楚了，有了比较充分地准备，写起来就轻松些，甚至成为一种愉快的劳作。要讲好党课，就要写好材料，好的材料出炉离不开情况掌握要到位、谋篇布局要到位、推敲琢磨要到位。

（一）情况掌握要到位

材料是工作现实情况的文字反映，如果“闭门造车”，那就写不出高质量的材料。

一要把握政策。不了解政策，评判事物的标准就会有问题。因此，要学习和运用好辩证唯物主义，不死板、不片面，善于从复杂的联系之中，发现主导事物发展的主要矛盾。要深入学习掌握中国共产党的思想路线和法律、方针、政策。学会了这些，就有了一种积极的、全面的是非认定标准，从而形成正确的人生观、世界观和价值观。深刻认识到中国共产党为什么能，中国特色社会主义为什么好，归根到底是马克思主义行，是中国化时代化的马克思主义行。

特别是当前，面对艰巨繁重的发展任务，只有不断提高政策理论水平，才能准确把握发展的内在要求，有效转化政策的利好机遇，不断推动各项事业迈上新台阶。因此，“笔杆子”要学好理论，用好政策。

二要吃透情况。不了解具体情况、不吃透具体情况，那么做决定时，就会偏离现实，犯主观主义、经验主义的错误。同样，如果写材料时，不了解具体情况、不吃透具体情况，整天待在办公室，那么就很难写出鲜活而富有生命力的材料来。

首先要吃透“上情”。上级的决策部署具有全局性、指导性、合理性，对下级写材料的人来说，是重要的理论依据。将上级的大政方针和决策部署学深悟透是非常有必要的。其次要把准“内情”。要认真梳理和分析本级工作中的一些经验做法及不足之处，从本级工作实际出发，提出切实可行的工作思路和措施。其三要摸清“下情”。一篇好的材料必须要有实实在在的内容做支撑。因此，对基层工作的经验做法和有关数据等要了然于胸。

三要开拓视野。视野不开阔，就看不清问题的本质，就看不清未来，就很难做出科学的决断。

石雕上的蚂蚁，看到的是坑洼不平的石头，而我们人类看到的是精美的石雕像，原因就是蚂蚁看的是局部，人类看的是全局。三国时期的诸葛亮，曾身处农村，却胸怀天下，从而为蜀国立下了汗马功劳，使之能与魏国、东吴成三足鼎立之势。所以写材料，要放宽视野、胸怀全局，站在领导的高度和角度思考问题、审视问题，增强自身透视问题的宽度、远度和深度。

（二）谋篇布局要到位

文稿质量水平的高低不在于文字的堆砌，而在于思想的提炼、合理的结构、精练的语言。

一要提炼思想。1944年中央警备团战士张思德因炭窑崩塌而牺牲，毛泽东同志亲自参加追悼会并致悼词《为人民服务》，他说：“人总是要死的，但死的意义有不同。中国古时候有个文学家叫作司马迁的说过：‘人固有一死，或重于泰山，或轻于鸿毛。’为人民利益而死，就比泰山还重。”“死人的事是经常发生的，但是我们想到人民的利益，想到大多数人民的痛苦，我们为人民而死，就是死得其所。”这就提升了对人的价值的认识。

思想是材料之魂，如果思想肤浅，即使辞藻再华丽，语言再丰富，整个材料也会显得苍白无力，让人觉得索然无味。要提炼好思想就要做到三点：一是从对比中提炼思想。要立足局外看局内，着眼今年看往年，去比干劲、比进度、比效益，在另辟蹊径中，写出新意。二是从事例中提炼思想。万事万物的存在与发展，总有一定的规律，寄寓着一定的道理，只要用心琢磨，就可以从中提炼出思想。三是从数据中提炼思想。有数据支撑，提炼出的思想就能站得起，立得住。

二要结构合理。材料的结构常见的有并列式、递进式和时序式三种。并列式结构是从不同的角度、不同的侧面来表现工作状况、揭示观点或展现经验等。各层次之间是相对独立，平起平坐的并列关系。递进式结构是按事物发展规律和内部联系，采取“由表及里、由简到难、由小到大、由浅到深、由低到高、由轻到重、由窄到宽”逐步分析、解决问题的方法来安排层次，一步一步地加以表达。时序式结构是按照事物发生、发展的时间顺序，错落有致地组织材料、安排层次。

要特别注意的是不能将不同层级的内容放在同一层级的标题上，这样逻辑就会引起混乱。例如，组织部工作总结，不管标题怎么取，主要内容就是干部工作、党建工作、人才工作、自身建设等几块，它们都在同一个层级上，不能有的大，有的小。

不可否认，标题拟得好，会极大地吸引眼球，起到意想不到的效果。好的标题有三大特征：一是短小精悍，不拖泥带水，短短三五个字，就能直捣要害。二是匀称和谐，同层级的标题之间要尽量做到“对仗”，这样就便于理解和记忆。三是讲究艺术。引用名人名言或经典诗词的这类标题，会使整篇文章增色不少，顿时显得高大上。

三要语言精练。爱因斯坦曾说：“如果你不能简单说清楚，就是你还没有完全明白。”而那些精练深透的表达，则常常表明人们认识问题的到位程度。而且语言简洁、精炼，就能使人在较短的时间里获取更多而有用的信息。反之，空话连篇，言之无物，必然误人时光。

谈到“化繁为简”的文字艺术，不得不提起我军“六大战术原则”的创始人林彪。战争年代，没有正规军事院校，我军的干部战士文化水平都很低。培训干部打仗，讲多了，讲深了，就听不懂，记不住。针对这种情况，林彪就自己总结，独创了一整套提法，比如：一点两面、三三制、三猛、三种情况三种打法、四快一慢、四组一队，通俗易懂又好记，后来被概括为“六大战术原则”，干货满满，绝对硬核，堪称化繁为简的典范。

比如：“四快一慢”，就是“抓住敌人后的准备要快，前进要快，扩张战果要快，敌人溃退后追击要快；总攻开始时间要慢”，为什么要“慢”？时间要用于“侦察地形敌情，部署兵力火力，进行政治鼓动工作，休息”，“要准备好了才打，没有准备好就不打”。这些都蕴含着丰富的战场智慧，高超的斗争艺术，现在学起来仍然十分鲜活、解渴。

（三）推敲琢磨要到位

好的材料都不是写出来的，而是想出来的，辩证思维、精雕细琢、勇于创新是写好材料的关键之处。

一要辩证思维。马克思主义唯物辩证法告诉我们，世界万事万物都是相互联系和不断发展的。联系是一切事物、现象和过程所共有的客观、普遍的本性，任何事物都不是孤立存在的。

写材料也需要用辩证思维的方法，在对收集的各种数据和素材进行分析时，应该坚持联系和发展、对立和统一的观点，防止用孤立和静止的眼光去看待问题，从而去粗取精、去伪存真、由此及彼、由表及里，以获得关于客观规律的认识，最后以书面形式陈述出来。如果收集的各种数据和素材没有经过这样的深度加工，那就等于一堆废弃的“建筑材料”。

要想提高辩证思维能力就要积极阅读中西哲学经典，接受哲学智慧的滋养。例如，《易经》中讲的“八卦”以及以两卦相叠演为六十四卦的学说。古希腊哲学家柏拉图的《理想国》，以各种方式揭示了事物发展变化的辩证规律。还有《资本论》《毛泽东文选》《邓小平文选》《习近平谈治国理政》等书籍都蕴含着大哲理、大思想，富有辩证思维。通过学习这些经典书籍，会让我们大受裨益。

二要精雕细琢。首先事例贴切，方能让人信服。事例是用来论证论点的，如不贴切，那么就难以让人信服。在选择事例时应当做到三点：一是选择关联度高的事例，使主题集中、鲜明、突出。二是选择典型性强的事例，便于理解，并给人留下深刻印象。三是选择新鲜度好的事例，用新典型、新情况、新数据来吸引人的注意力。

其次数据准确，方能彰显用心。数据是说明事物特征或事理最科学、最精确、最有说服力的依据。如果数据出现错误，就会出丑，闹笑话。相反，数据越精确越能体现出作者的用心。因此，一定要尽量使用精确的数据。

另外注重细节，方能完美无瑕。俗话说："千里之堤，毁于蚁穴"，细节决定成败。写好一份材料需要经过反复修改，哪怕是每一个字、每一个标点符号都要仔细推敲，以精益求精、勇于超越的匠心，打磨出精品材料。

三要勇于创新。兵无常势，水无常形。材料最忌的就是雷同，不能千篇一律，不能"放之四海而皆准"。要因时、因事、因地、因人有所变化，或独树一帜，或别具一格。比如经济工作会、全委会等会议，内容大同小异，可以说是老生常谈，但又要常谈常新，每出新意。①

我们要有创新的勇气，敢想敢干、想大想远、想深想实。写文章就是写人生、写思路、写决策、写创新，决不能固步自封、搬搬抄抄、东凑西拼。要彰显特色，把"人无我有、人有我优、人优我精"的特色做法写充分，把最具个性的措施写出彩，把最鲜活的经验写到位。用独特的思想、独特的角度、独特的风格使枯燥的文字鲜活起来，赋

---

① 江晓斌：《笔杆子县委书记"八悟"，满满的写材料干货！》，https://www.12371.gov.cn/Print.aspx?id=556829.

予它生命力、震撼力、号召力、感染力。

三、在实践中讲好党课

党课的效果怎样，关键在于听者的感受，你讲了洋洋万言，听者反应平平，接受不了，恐怕不能算是一堂成功的党课。因此，讲好一堂好的党课就要注重讲授的原则、讲授的方式、讲授的技巧。

（一）注重讲授的原则

没有讲授原则作为根基的教学活动，不仅会造成无目的的教学，也会造成没有效果的教学，这对授课老师和学员都将产生无可弥补的损失。

一要有政治性。党课姓“党”，其核心要义在于党性教育，目的是把党的思想、政策、路线、方针等传递到更多的普通党员身边，因此党课要突出党的创新理论和理想信念教育，始终把党性放在第一位。

一堂好的党课要有科学的理论作为支撑。即以马克思列宁主义、毛泽东思想、邓小平理论、“三个代表”重要思想、科学发展观、习近平新时代中国特色社会主义思想作为理论基础。

另外应言之有据。不能为了哗众取宠，把小道消息、低俗言论带上讲台。而是要与党中央对准表、赶上趟、聚好焦，做到党中央提倡的坚决响应，党中央决定的坚决照办，党中央禁止的坚决杜绝，始终与党中央保持高度一致。另外，要注意区分场合、辨别对象，不该向外部披露的事情坚决不能说。

二要有针对性。党课的选题范围很广，包括党的基本知识、党的历史传统、党的创新理论等。党课选题应避免“一刀切”“一锅煮”“上下一般粗”等做法，应该依据讲课对象、讲课时机、目标需求等差异，把准脉搏，“对症下药”，合理确定授课内容。[①]

毛泽东同志在讲党课时善于根据学员的实际情况，选择不同的语言内容和表达方式，有的放矢、因人施言、对症下药，激起了学员思想和情感上的共鸣。他强调：“到什么山唱什么歌”“看菜吃饭，量体裁衣。”毛泽东指出：“在教学方法上，教员要根据学生的情况来讲课。”

井冈山革命斗争时期，毛泽东同志就多次强调和要求红军宣传员找群众谈话时，首先要放下官架子，要看不同对象说不同的话。碰到雇农要讲雇农话、碰到中农要讲中农话、碰到商人要讲商人话、碰到工人要讲工人话，不能讲一大篇。[②]

三要有价值性。一堂党课应具有理论价值和实践价值。既能把工作实践抽象概括为理论性的东西，也能用理论指导实践，对以后的工作产生推动力。

因此，作选题时，要注意问题意识。一次讲课，总要致力于解决一点问题，要么是对一些重大理论和形势政策的认识问题，要么是党员队伍在实际工作中存在的倾向性问题。按照列宁的观点，写文章、演讲要选那些“政治上重要的、为大众所注意的、涉及最迫切问题的主题”。另外要和实际紧密联系，言之有物，避免漫无边际，空洞论说。

---

① 王瑰曙：《党组织书记如何讲好党课》，http://www.71.cn/2015/0515/814305.shtml.

② 吴继金：《毛泽东讲党课》，《黄金时代》2019年009期，第38–41页。

如果不关心听课人的心理需求，不贴近受众的思想实际，讲的都是一些“正确的废话、没用的大话和不解决问题的空话”，这叫隔靴搔痒，不可能受欢迎。

（二）注重讲授的方式

只有讲授的方式得当，才可以感化学员，使他们在实践中感悟，在感悟中升华。

一要用好多媒体。好的 PPT，一是让主讲人脱离讲稿，讲课思路清晰；二是可以很好运用视频、音频、图片等形式，使讲课内容能更直观地得以展现；三是更能吸引听课人把注意力放在老师的讲课上。但需要注意的是，制作 PPT 要简洁大方，不能太花里胡哨，否则容易主次颠倒、适得其反。

应用多媒体不但使讲授简便、内容直观化，增加党员对理论的感性认识，而且其科学、形象化的教学手段还可以增强课堂气氛，激发党员学习的乐趣，不失为一种好的教学手段。多媒体讲授需要熟练掌握多媒体软件等电脑知识和幻灯机、投影仪的使用方法。有一定难度，在工作中应加强学习。

二要筹备党课教法。讲授的基本环节要尽量齐全，引入正题要快，陈述事实、讲故事要简明扼要；分析问题应单刀直入、一针见血；得出结论要吹糠见米、水到渠成；提出对策或倡议要条理清晰、操作性强。

主讲人要根据所讲内容，选择党课的方法，运用灵活的党课形式和多样的教学手段，使党课生动而富有吸引力。讲好党课要切实改变形式单调、手段单一、强调灌输、忽视互动等状况，增强教育的感染力。①

三要熟悉党课讲稿。熟练党课讲稿就可以完全脱稿讲课，第一个好处是可以用眼神与听众沟通，增强亲切感，密切讲课人与听众之间的感情；第二个好处是可以了解会场情况，特别是听众情绪变化情况，便于掌控整个会场；第三个好处是可以根据上课的需要，无拘无束地自由发挥。

毛泽东同志曾深有体会地回忆他在“抗大”讲党课时的情形：“不能照书本去讲，那样讲，听的人要打瞌睡。自己做准备，结合实际讲，总结革命经验，听的人就有劲头了。”②

如果上课从始至终眼睛都不能离开讲稿一眼，那就不是讲课，而是念稿，其效果是可想而知的。要做到脱稿讲课，上课之前要认真熟悉讲稿，默记讲稿的基本结构和主要内容。上课时，要按照讲稿的结构和内容，临场再做适当地发挥。

（三）注重讲授的技巧

语言是讲授党课的一个重要方面，可以说语言运用的成功与否，关系到党课讲授是否成功。

一要口语化。口头语言不同于书面语言，讲授党课的语言应口语化，便于接受和理解。口语化就是大众化，在讲授中，语言要通俗易懂，浅显明了，对新名词或生僻的词语应作具体解释。多运用平时生活中的语言，既能让学员有亲切感，又能拉近距离，产生共鸣。

---

① 佚名：《如何讲好一堂微党课？》，《上海支部生活》，2020 年。

② 吴继金：《毛泽东讲党课》，《黄金时代》2019 年 009 期，第 38-41 页。

毛泽东同志在抗大讲到“矛盾”概念时，他说，矛盾就是打架。世界上的一切事物都在打架，你要战胜我，我要战胜你。这时候，瓦匠正在房顶上修房子，敲得叮叮当当。毛泽东同志说，我们和瓦匠也在“打架”。我们上课时需要安静的环境，但是瓦匠却要工作，这样就产生了矛盾。

真正的表达高手，不是张嘴能讲一堆高深理论，而是深入在己、浅出给人，不管多么高深的内容，让人听得懂、听得明白。

二要趣味化。1942 年 2 月 1 日，毛泽东同志在中共中央党校开学典礼上作《整顿党的作风》报告，其中说道：“主观主义、宗派主义、党八股，现在已不是占统治地位的作风了，这不过是一股逆风、一股歪风，是从防空洞里跑出来的。（笑声）但是我们党内还有这样的一种风，是不好的。我们要把产生这种歪风的洞塞死。我们全党都要来做这个塞洞工作，我们党校也要做这个工作。”

网络流行词汇、段子，幽默的语言，是让课程生动活泼、妙趣横生的最好调味剂。讲课中，可以在恰当的时机，巧妙地运用风趣的语言开导学员，来激发学员的学习兴趣，使课堂气氛活跃，使学员在轻松、活泼、充满笑声的课堂氛围中学到知识，受到教育。

授课者还可以以自己的亲身经历与身边发生的故事为例，深入浅出地诠释课程内容。有故事、有情节、有场景，更容易吸引学员。另外，在讲授中，多讲自己的亲身经历、见闻，更能拉近距离，更有说服力。

三要感情化。要想把党课讲出感情就要实实在在给大家讲党课，而不是背党课，更不是念党课。只有情真意切、话由心出，讲出的东西才能打动人。

语言是有感情色彩的，重点的地方加重语气让人感到印象深刻；

讲中国共产党的光荣历史时应胸怀崇敬与神圣，而不能神情漠然；讲焦裕禄全心全意为人民服务的动人事迹时不能语调平平，毫无感染力；相反，讲贪官污吏祸国殃民的言行时自己肯定会义愤填膺，决不能一笑了之。饱含感情的语言会感染人、激励人，增加授课者与听众的互动与共鸣，从而取得好的效果。①

另外感情投入至深后，可以辅以恰当的手势和动作，将语言与直观示范结合起来，从而增强说话的表现力和感染力。

---

① 佚名：《党课的讲授原则与方法技巧》，西山先锋公众号，https://mp.weixin.qq.com/s/AJEyhNnqGg4aeGzEyNJ5KQ.

3 做最优秀的自己

习近平总书记在党的二十大报告中指出：“广大青年要坚定不移听党话、跟党走，怀抱梦想又脚踏实地，敢想敢为又善作善成，立志做有理想、敢担当、能吃苦、肯奋斗的新时代好青年，让青春在全面建设社会主义现代化国家的火热实践中绽放绚丽之花。”

作为新时代的青年，我个人粗浅认识就是，第一要做一个有信念的人、第二要做一个有纪律的人、第三要做一个有品行的人、第四要做一个有作为的人，从而成为最优秀的自己。

一、做一个有信念的人

1917 年 11 月 7 日，伴随着一声大炮的巨响，一个无产阶级掌握的政权——苏维埃政府诞生，她的出现使举国上下一片欢腾，人民从此当家作主。但是好景不长，1991 年苏联就解体，为什么苏联人民只度过 69 年的美好光阴呢?

在我国春秋战国时期，子贡问孔子，我们应该如何治理国家?孔子说："要有强大的军队、足够的粮食、人民对国家的信仰。"子贡又问："如果 3 个中要去掉 1 个呢?"孔子说："去兵吧!人总要吃饭吧。"子贡又问："如果在剩下的 2 个中还要去掉 1 个呢?"孔子非常认真地说："去食。"接着说："自古皆有死，民无信则不立。"一个国家最可怕的不是没有兵，没有粮食，最可怕的是一个国家失去信仰之后的崩溃和涣散。苏联之所以解体就是因为他们信仰缺失。用习近平总书记的话来讲，就是"革命理想高于天"。

（一）知党史

1921 年前的中国正处在风雨如磐、长夜难明的黑暗年代，列强侵略、军阀混战、政治腐败、民不聊生，国家命运岌岌可危。在那个时候，人们多么渴望有一个坚强的政治力量，能够领导中国人民走上强国富民的道路，中国共产党就在这种背景下诞生了。

她为了把人民大众从这种灾难深重、水深火热的旧中国中解脱出来，用了 28 年的不懈奋斗和无数先烈的前赴后继，先后经历了国共合作的北伐战争、土地革命战争、抗日战争和解放战争 4 个阶段，完成了新民主主义革命，建立了社会主义的新中国，实现了民族独立和人民当家作主。据中国档案馆记载，从 1921 年到 1949 年，短短 28 年，就有 300 多万共产党员为国捐躯。

新中国成立后，我们党还是操碎了心，当时的中国刚刚获得解放，国家一穷二白，面对积贫积弱的困难局面，从 1949 年到 1978 年，我们党还是较好地完成了对生产资料私有制的社会主义改造，全面铺开了大规模的社会主义建设。

从 1978 年党的十一届三中全会开始，我们党依靠和带领全国人民，以艰苦奋斗、自力更生和顽强拼搏的精神，开辟了改革开放和社会主义现代化建设的崭新局面。

这期间，我们党经受住了东欧剧变、苏联解体和金融危机等国际风波的影响，经受住了 1998 年洪水、非典疫情、汶川地震等多种自然灾害的严峻考验，恢复了对香港、澳门行使主权，从第一颗原子弹的研制成功到神舟载人航天、蛟龙深海下潜，从一穷二白的落后局面到成为全球第二大经济体，成功地跨越了一道又一道难关，夺取了一个又一个胜利。

从党的十八大至党的二十大已经十年了。十年来，我们经历了对党和人民事业具有重大现实意义和深远历史意义的三件大事：一是迎来中国共产党成立一百周年，二是中国特色社会主义进入新时代，三是完成脱贫攻坚、全面建成小康社会的历史任务，实现第一个百年奋斗目标。这是中国共产党和中国人民团结奋斗赢得的历史性胜利，是彪炳中华民族发展史册的历史性胜利，也是对世界具有深远影响的历史性胜利。

从现在起，中国共产党的中心任务就是团结带领全国各族人民全面建成社会主义现代化强国、实现第二个百年奋斗目标，以中国式现代化全面推进中华民族伟大复兴。[①]

新征程上，为我们掌舵领航的，就是党的领导核心习近平总书记，这个核心是时代呼唤、人民期盼、历史选择，是主心骨、顶梁柱、定盘星；为我们提供科学指引的，就是习近平新时代中国特色社会主义思想，这个思想是当代中国马克思主义、二十一世纪马克思主义，是中华文化和中国精神的时代精华，是旗帜、方向、信仰。

今天的中国，经济健康发展、社会和谐稳定、人民幸福安康、综合国力全面增强、国际地位不断提高。历史和现实雄辩地证明，中国共产党不愧是伟大、光荣、正确的党；是不断开拓进取、与时俱进，领导中国科学发展的党；是经得起各种风浪考验，与群众同呼吸、共命运，全心全意为人民谋福祉的党。只有始终坚持党的领导，坚定不移地走中国特色社会主义道路，国家才能强盛、民族才能振兴、人民才能富裕。

（二）跟党走

1921 年盛夏的一个夜晚，13 名来自全国各地的有志之士来到上海兴业路 76 号秘密集会，他们要成立中国共产党，这个事弄不好就要掉脑袋，当时很多人不看好，我们党重要的发起人陈独秀和李大钊都错过了这个伟大的历史时刻，这是为什么呢？

这是要解放全中国，解救人民于水深火热之中吗？这个事情太重

① 来源：党的二十大报告

要了！但是他们还有更重要的事情，陈独秀在陈炯明统治下的南方政府出任教育厅厅长，正在筹一笔钱，人一走，这笔钱就可能没了，所以不能到上海去。李大钊因为北洋军阀政府财务困难，停发了北京 8 所高校的教职员工薪资，这 8 所高校成立了联合委员会，他是重要负责人，要去追讨工资，不能参加会议。

中共一大 13 名代表，其中最年轻的是湖北应城市的刘仁静，当时年仅 19 岁，北京大学大学生。1983 年接受采访时，81 岁的刘仁静说："根本没想到是这么重要的一次会。"

共产党的成立何等的重要！当年有谁在意？一大开完，走的走散的散，各奔东西。1922 年陈公博脱党，1923 年李达脱党，1924 年李汉俊、周佛海脱党，1927 年包惠僧脱党，1930 年刘仁静被党开除，1938 年张国焘被党开除。这些人无论从智商、学历、出身、影响力等方面来看，都不见得会比毛泽东差，其中张国焘是中共一大执行主席，宣布大会开幕、宣布中国共产党成立。但张国焘最后在国民党军统当了特务，中共一大执行主席和国民党特务联系在一起，这是什么样的历史命运？

他们 7 个人不管当汉奸的、当叛徒的，假如历史是可知的，作为中共的发起人，他们要是知道自己亲手成立的党 28 年后夺取了全国政权，会做出这么糊涂的事吗？他们竟然不相信共产主义了，他们能不糊涂吗？

13 个人中，7 个人出了问题，4 个人牺牲了，最后只剩 2 个人依然坚定共产主义理想信念：毛泽东，中国共产党中央委员会主席；董必武，中华人民共和国代主席。我们这个党能从中国政治舞台边缘走向政治舞台的中心，源自一个一大最不起眼的政治代表，毛泽东，居功至伟。[①] 以上这些关于中共一大的故事是我在金一南教授的讲座中获悉的。

所以理想的动摇，是最危险的动摇；信念的滑坡，是最致命的滑坡。放弃了正确的理想信念，也就丧失了做共产党员的资格，也就不能走到我们中间来！

（三）尽党责

首先要辨是非。有空气就有细菌，我们生活在"无菌"真空中吗？当然不是，实际上每天都在经受着各种观念的渗透和影响，每天都在承受着社会变革、利益调整带来的思想震撼和冲击。一些别有用心的人，往往利用人们一时的思想迷惑，造谣惑众、颠倒黑白、混淆是非，来搞乱人们的思想，以达到他们的目的。我们一定要加强学习，提高明辨是非的能力，从而坚决相信党，相信组织。

其次要知荣辱。中国共产党人的初心和使命，就是为中国人民谋幸福，为中华民族谋复兴。习近平总书记说："全党同志一定要永远与人民同呼吸、共命运、心连心，永远把人民对美好生活的向往作为奋斗目标。"可见，我们的党是始终把自己定位成一位无私奉献的母亲，把人民群众当作与自己血肉相连的一家人，党的利益和我们的利益，党的荣辱和我们的荣辱，从来都是紧密相关的。"国家兴亡，匹夫有责"，党的兴衰，我们每一个中华儿女都有责任。

其三要重践行。我们和党是一家人，我们和党就是一损俱损、一

① 金一南：《为何毛泽东最终能成为党的核心》，《党的生活》（黑龙江）2017 年第 012 期，第 26-27 页。

荣俱荣的关系，我们应当时时刻刻提醒自己要维护党的形象，在有人污蔑、诋毁和损害我们党的形象的时候，应当感到痛心和愤慨，能够挺身而出、严厉制止。我们要像对待自己家人一样对待我们的党，对党忠诚、为党分忧、为党尽责。

二、做一个有纪律的人

在全面推进依法治国过程中，有一种观点认为，将古今中外，他们觉得好的制度学习过来，自然就实现了善治。深入一点理解就是把西方制度搬过来，中国就没有腐败问题了，这是一种片面的看法。中国的国情比较特殊，中国的事情要按照中国的情况来办，照抄照搬别国经验、别国模式，是不行的。中国的个别人腐败，那是人性的问题，而不是我们制度不好。习近平总书记指出："一个人能否廉洁自律，最大的诱惑是自己，最难战胜的敌人也是自己。一个人战胜不了自己，制度设计得再缜密，也会'法令滋彰，盗贼多有'。"

古人讲："徒法不足以自行"，用现在我们所学的唯物辩证法来看就是，内因起决定作用，外因起什么？对，外因只是起推动作用。因此，扎好外在的笼子只是走完了第一步，关键还需要念好内在的紧箍咒。

这里不妨借鉴一下古人之言，南宋时期，有个叫吕本中的人，曾在其所著的《官箴》一书中说道："当官之法，惟有三事：曰清、曰慎、曰勤。知此三者，可以保禄位，可以远耻辱，可以得上之知，可以得下之援。"

（一）“曰勤”

吕本中所说的“曰勤”就是指要勤政为民。解放战争中，解放军是依靠“小米加步枪”打败了美式飞机大炮武装的国民党军队。真正打起仗来，战略战术固然重要，但是战略战术再好，大刀也很难拼得过长枪大炮吧？那又是为什么人民解放军能赢得辽沈、淮海、平津三大战役胜利并解放全中国呢？

“最后一口粮，做的是军粮；最后一块布，做的是军装；最后一个儿子啊，送到了部队上。”当年的歌谣一腔深情、满怀衷肠。淮海战役中人民群众倾家荡产支援前线的宏大场面，让我们深刻感受到什么是人民的力量、什么叫人民的分量。陈毅就说过：“淮海战役的胜利，是人民群众用小推车推出来的！”我们的党能赢得三大战役胜利并解放全中国那是与人民群众的贡献是密不可分的。

可以说，古往今来，无论哪个朝代更替都与人民群众息息相关，人民群众才是历史的创造者，才是历史的主人，是我们共产党员的衣食父母，我们的工资都是纳税人所交的钱，我们是人民群众聘请的打工仔，我们为人民群众的利益和幸福奋发工作、勇于付出那是理所当然，只有全心全意为人民服务，我们党才会获得源源不断的力量源泉。

每一次到基层我们都可以感受到，无论人民群众是多么富裕或多么贫穷，他们都是特别信任和感恩我们党，只是痛恨个别腐败分子而已。我们党和人民群众是鱼水情，近一个世纪以来，他们和我们党从来就是生死相依、患难与共，这种恩情怎么不是重于山，我们怎么就忍心愧对他们，我们的辛勤怎么就不应该为了他们？

我们无论手中掌握了多少权力，无论在什么岗位，都要把人民群众利益放在行使权力的最高位置，都要把人民群众满意作为行使权力的根本标准。

（二）“曰慎”

吕本中所说的“曰慎”就是指要慎言慎行。古人讲“口为祸福之门”“一言可以兴邦，一言可以丧邦”，言语是思想的门户，行为是素养的展现。我们必须常思、深思、慎思哪些该说，哪些不该说，哪些该做，哪些不该做。要坚持说实话、真话、有意义的话，说有利于团结的话、鼓劲的话、顺气的话，而不说假话、官话、荒唐话和无原则又低品位的话。更不能说有损于党的形象、有悖于党的政策、与自己身份不相称的话。

有这样一个历史故事：一个古代官员乘轿进城遇雨，一个轿夫穿了双新鞋，开始时小心翼翼地只挑干净的路面走，“择地而行”，后来一不小心，踩进泥水坑里，由此便“不复顾惜”了。这个故事说明，人一旦“踩进泥水坑”，心里往往就放松了戒备。反正鞋已经脏了，一次是脏，两次也是脏，于是便有了惯性，从此便“不复顾惜”了。这就如我们扣扣子，第一个扣子没有扣好，接下来的扣子要么都扣错，要么都扣对了，衣服穿出来也是不好看的。

近几年，全国查处的不正之风和腐败问题有不少，有些就在我们的身边。一个人不可能在一夜之间成为腐败分子，其走向腐化堕落大多是从不注意小事小节开始的，很多违纪党员干部都是积小错铸大错，如工作中一些党员干部一开始是小错被别人抓住小辫子，结果被别人拉得越陷越深，最后受到了党纪政纪处分。可见事情无论大小，只要有了“第一次”，就可能会身不由己、欲罢不能，一发而不可收。

（三）“曰清”

吕本中所说的“曰清”就是指要清正廉洁。孔子曰：“其身正，不令而行；其身不正，虽令不从”，西汉著名思想家董仲舒认为：“至廉而威”。我们的党只有为政清廉才能取信于民，秉公用权才能赢得民心。习近平总书记指出，坚定不移惩治腐败，是我们党有力量的表现，也是全党同志和广大群众的共同愿望。我们党严肃查处一些党员干部包括高级干部严重违纪问题的坚强决心和鲜明态度，向全党全社会表明，我们所说的不论什么人，不论其职务多高，只要触犯了党纪国法，都要受到严肃追究和严厉惩处，绝不是一句空话。从严治党，惩治这一手绝不能放松。要坚持“老虎”“苍蝇”一起打，既坚决查处领导干部违纪违法案件，又切实解决发生在群众身边的不正之风和腐败问题。

党的十八大以来，周永康、薄熙来、孙政才等一批高级官员因为严重违法违纪落马，这充分表明，中央有力量、有胆量、有能力做到“老虎”“苍蝇”一起打。这些大案要案的依法审理，也以铁的事实表明了中国共产党从严治党、从严治吏，以反腐败的实际成效取信于民、造福于民的坚定决心。

《左传》中有一个故事，讲的是春秋时期，宋国大夫正考父，是三朝元老，他对自己要求很严，在家庙鼎上铸下铭训：“一命而偻，再命而伛，三命而俯。循墙而走，亦莫余敢侮。馆于是，鬻于是，以糊余口。”意思是说，每逢有任命提拔时都越来越谨慎，一次提拔要低着头，再次提拔要曲背，三次提拔要弯腰，连走路都靠墙走。生活中只要有这只鼎煮粥糊口就可以了。

这句话告诉我们：当得到提拔后，要谦卑和敬畏自己手中的权力。

为什么要这么低调呢？

首先自己得到提拔是群众和组织对自己的信任、希望和重托。扪心自问下，我们是不是每一件事情都做好了呢？自己往往做错了的事情，总觉得是小事，可以得到理解，甚至都忘记了，只记得做的一些很正确、很有贡献的事情，然后拿自己的优点去对比别人的缺点，事实上，比自己做得更好、更优秀的人是比比皆是。“满招损，谦受益”，总是不谦卑和敬畏自己手中的权力，我们将很难得到成长，还会让身边的小人越来越多。

其次别人有求于自己，不是对自己这个人，而是对自己这个位置，对自己暂时代表的公权力。自己没有什么了不起的，自己如果不信，那自己敢换一个没有权力的位置试一试吗？可能会让自己刻骨铭心。

其三我们手中的权力是人民赋予的，以权为公，秉公办事，就是为民服务，就要受到褒扬；以权为私，徇私枉法，就是腐败和犯罪，要受到惩处。任何“掩耳盗铃”不过是黄粱一梦，我们对待权力一定要有一种怕的感觉、有一种畏惧的思想，在这个方面始终要有清醒的认识。

三、做一个有品行的人

人的品行不好，才能越大，对社会的危害越大，当然，他们最终也会付出惨重的代价。我们组织部门常讲，“有德有才破格重用，有德无才培养使用，有才无德谨慎使用，无德无才，坚决不用。”

我们只有做个堂堂正正的君子，才会得到人民群众的爱戴与尊重。怎么样做一个堂堂正正的君子呢？

在1914年的清华学堂上，梁启超做了一场题为《君子》的著名演讲，他以“自强不息，厚德载物”勉励学子们养成君子人格。“君子”一词最早出现于《易经》，经儒家学派的不断演绎、诠释而得以完善，成为中国人的道德典范。君子人格被历代知识分子所追慕，塑造了一批又一批中国的脊梁，挺立着中国人的精气神。对于今天的人们的人格养成仍然具有重要的现实意义。

君子人格的养成要经历怎样一个过程呢？孔子这样简洁地表述他的认识：“志于道，据于德，依于仁，游于艺”。当前，我们可以对这四个方面进行现代诠释和转化。

（一）“志于道”

孔子所说的“志于道”就是指要找准自己所要走的道路。人的追求在于有一定境界，又不脱离实际，既要“仰望星空”，又要“脚踏实地”。孔子说：“三军可夺帅也，匹夫不可夺志也。”纵观历史，凡是有所成就的人，无不是胸怀大志之人。一个人无论头脑多聪明，多具才华，如丧失志向、迷失方向，终究一生碌碌无为。如果一个人没有半点追求，他就会觉得活着一点意义也没有，甚至不想活了，去自杀，当然如果一个人的追求太大了，不现实的话，他也会觉得活着一点意义也没有，也会不想活了，去自杀。

孔子一生周游列国，宣扬自己的政治思想，一心想谋求官位来施展自己的政治抱负，然而真正掌握点权力，能够按照他的意愿来行事，是在他56岁的时候，他在鲁国由大司寇代理国相职务，遗憾的是只做了3个月的时间。

孔子为了实现自己的政治抱负而奔波一生，最后才发现自己原来是个教书的，弟子有三千，其中达者有七十二人，其学说不仅影响了中国几千年的发展进程，还深刻地影响着每一个中国人的思想和行为模式，成为东方人品格和心理的理论基础，这种贡献和地位不亚于古往今来中国每一位帝王。

我们在树立崇高远大思想的时候，是否结合实际正确衡量了自身的能力大小和外部环境呢？我们到底适合走哪一条志存高远的道路，我们得用心去衡量。

无论我们最终选择走哪一条志存高远的道路，在这条道路上都不应该鼠目寸光。怎么样才算鼠目寸光呢？鼠目寸光就是一开口就讲困难，这样成长就会远离；鼠目寸光就是一付出就想回报，这样机会就会远离；鼠目寸光就是一做事就想个人利益，这样收获就会远离；鼠目寸光就是一合作就想自己如何不吃亏，这样事业就会远离；鼠目寸光就是一有起色就想谈条件，这样未来就会远离。

总而言之，我们要找准自己的道路，既要志存高远，又要切合实际，持之以恒地保持干事创业的激情，一步一个脚印，这样才能踏踏实实走到最终目标。

（二）“据于德”

孔子所说的“据于德”就是指为人处世的行为要精当，不要伤害到别人。“国无德不兴，人无德不立。”揆诸历史，确乎如此。人在任何条件下，必须加强道德教化，并在工作与生活中实践伦理规范、道德义务。

孔子曰：“富与贵，是人之所欲也，不以其道得之，不处也；贫与贱，是人之所恶也，不以其道得之，不去也。君子去仁，恶乎成名？

君子无终食之间违仁，造次必于是，颠沛必于是。”

翻译成白话文是：“富裕和显贵是人人都想要得到的，但不用正当的方法得到它，君子是不接受的；贫穷与低贱是人人都厌恶的，但不用正当的方法去摆脱它，就摆脱不了。君子如果离开了德，又怎么能叫君子呢？君子没有一顿饭的时间是背离德的，就是在最紧迫的时刻也必须按照德办事，就是在颠沛流离的时候，也一定会按德去办事的。”

培养君子人格，必须用道德滋润自己的心灵。一个人有道德，思想才能安定下来，为人处世才能精当，不然总想着歪门邪道，去走捷径，不仅能力得不到提升，一路上还是危险重重，如果犯法，必然进监狱。

我们大家都知道吸铁石有磁力，地球有磁场，其实我们人类也有磁场。如大家在睡觉的时候，还没有睡着，一个人不声不响地走到自己身边，全神贯注盯着你，这个时候，如果自己内心处于很安静的状态，自己会感觉得到，会立马睁开眼睛看他。

人的磁场很奇怪，如果没有道德修养，天时、地利、人和都将远去，你希望自己好运，就要祝福别人好运。一切美好，皆源于道德修养。

（三）“依于仁”

孔子所说的“依于仁”就是指要让内心充满爱，以自爱之心反省自己、以仁爱之心对待他人。如今的社会竞争压力日益增大，许多人丧失了爱的能力，整天怨天尤人，整天怨这个、怨那个、怨大家，结果是这个、那个、大家也都怨他，最终他也是越来越怨，越来越累，直到彻底身心疲惫而患疾病。

我们细心观察便发现，生活中一些能活到90多岁、100多岁的老爷爷、老奶奶都有一个共同点，就是特别具有仁爱之心，这样，心态也特别平静，不会动不动就看这个看不惯，看那个看不惯，心情好了，相比之下，身体也会好得多。身心真正健康者，无一例外都具有仁爱的品质，反之，自私自利、斤斤计较，乃至杀戮心太重的人，最容易患身心疾病了。

因此，我们要激发人的自爱与爱人之心，让爱回归内心，这是培养君子人格的重要途径。我们不仅要爱家人、朋友、同学和同事，还要爱党、爱国、爱人民。在工作和生活中，做中国共产党事业的忠诚信仰者和坚定捍卫者，很乐意地为祖国的繁荣富强贡献智慧和力量，并努力做到体恤体谅弱者、宽容他人、礼让他人、关爱他人。

（四）“游于艺”

孔子所说的“游于艺”就是指要以轻松活泼的姿态去品味人生，悠然地嬉游于各种艺术、技艺的享受中。一些人批评儒家讲道德过于严肃呆板，缺乏轻松活泼的一面。其实，孔子的生活与生命是丰富多彩的，充满了艺术的情调，他精通乐理，非常会弹琴，经常用音乐来调节自己的情绪，抒发心情。今天的人们往往重视实用技术的训练，漠视艺术的修为、情操的陶冶，这样的生活是非常无趣的。

业余时间，我们可以和同学、同事、朋友、亲人一起多参加一些积极健康的活动，比如打球、旅游、钓鱼等等，既有益健康又提高生活趣味，这样才是精彩的一生。

中国文化最讲究“知行合一”，要达到“君子人格”的境界，绝非单纯的道德说教所能奏效，必须将道、德、仁、艺等完美结合起来，就是做到“志于道，据于德，依于仁，游于艺”，这样才能培养出内心坚强而柔美的现代君子，这样才能做一名“政治上靠得住、工作上有本事、作风上过得硬”的德才兼备的党员干部。

四、做一个有作为的人

修身齐家是根本，人格完善了，就成人了，本领增强了，就成才了，人才就是要有完善的人格和过硬的本领。是人才，就得出来为社会做贡献。古人讲：“穷则独善其身，达则兼济天下”。这一平台，就是我们的工作。前面论述了我们的人生观、权力观、价值观，这里着重说说职业观。

大多数人都希望单位能够给予自己一定的发展空间和展示平台，最大限度地发挥自己的聪明才智，最大限度地实现自己的人生价值。

而要把这种意愿变成现实，靠的是什么呢？靠的就是担当。有一个好消息，成功的路上并不拥堵，因为坚持以下 3 个担当的人太少了。

（一）乐于担当

你不种地，但你有吃有喝；你不织布，但你衣着华丽；你不造车，但你以车代步；你不盖楼，但你家居安泰；你不是神仙，但许多人尊重你；你没有才华，但你仍然能够参与社会；你相貌平平，但你的爱人喜欢你；你能力一般，但你的儿女崇拜你。

这是为什么呢？你是依靠什么去和他们进行交换？你是依靠什么获得你需要的生活物品？你是依靠什么赢得社会的尊重？答案就

是单位。[①]

可见，工作单位是我们和社会之间和他人之间进行交换的桥梁和纽带，是显示自己存在和人生价值的舞台，是自己美好家庭、和谐人际关系的后院。

在工作单位中，我们要常怀一颗感恩的心，乐于担当起工作中的每一次让自己练达世事的美好遇见。

而现实中，只要有人获得提拔，就会有人怨言，觉得工作单位太黑暗了，这是靠这个关系、那个关系才有的结果。我们要明白一点的就是，领导最核心的能力就是用人，做的最重要的事情也是用人，把人用好，他什么都好，把人用不好，会给他添很多麻烦。

自己在觉得怀才不遇的同时，其实领导还在愁一将难求，哪个领导不希望自己属下都是精兵强将，哪个领导希望自己属下都是平庸之辈，把一些平庸之辈提拔在重要的岗位，把重要的事情都给平庸之辈做，事情会做好吗？领导放心吗？

如果自己是平庸之辈，连自己的亲生父母都不会把重要的事情交给自己做，当我们很不细心的时候，父母是不是连存钱这样的事都不敢拜托我们去，哪怕他们身体不好，走上10里路也要自己亲自去存。同样，要是我们什么事情都做不好，我们在单位可能就什么事情也没有，只要有机会，必然被领导踢出单位。所以只要我们善于担当，领导自然会授予重任。

工作中遇到有与自己资历相当的人被提拔，而自己却原地踏步，像这种事是常常会有的，若自己仅仅是一肚子“断肠人在天涯”的苦

① 木虫：《善待你所在的单位》，《党的建设》2018年第003期，第47页。

闷，是不是存在急功近利的思想呢？难道自己没有提拔就一定受委屈了？难道工作才露“尖尖角”，就一定要让组织下场“及时雨”？相反，这个时候更有利于审视自己，学习他人之长，弥补自身不足，为今后能够被认可、被提拔重用积蓄力量、夯实基础，做到厚积薄发。更何况成长进步不仅仅是职务的提升，更重要的是党性修养、人生境界、能力水平的增长，只有这三点做好了，我们才能获得很多真正意义上的尊重，而职务的提升却不一定能获得这些尊重。

我们在工作单位中受到的批评总会比提拔多，其中大多数人都能够认真查找自己的问题与不足，加以改正，但是少数人会认为这是领导故意跟自己过不去。如果我们听到表扬就笑、听到批评就跳，那就大错特错了。

十年树木，百年树人，培养造就一个人才需要一个过程，人非圣贤，孰能无过，理应宽容，但是宽容不代表就要纵容，如果我们犯错，得不到及时纠正，思想将停滞不前，或将小错酿成大错，最终或许会悔恨终身。

如今，殊不知批评之难，若批评得不到理解，就会将其得罪，谁又愿意得罪谁呢？所以，能够面对面得到别人的批评，实属不易。我们受到的批评多，一方面说明自身做的事多，锻炼的机会多，能力也就自然能得到不断提升；另一方面说明自身能力素质较高，有发展潜力，值得培养。

为此，我们要正确对待批评，诚恳接受批评，体会理解领导批评自己的初衷，深刻反思，及时改正，即使有些批评不够准确，也要抱着“有则改之，无则加勉”的态度去对待，这样我们才能在“批评声”中不断走向成功。

哪怕我们在工作单位中确确实实是受到了委屈，那又何妨呢？有多少人从未受过委屈呢？

当我们不开心的时候总想时间早点过去，庆幸的是一切总会过去，遗憾的是一切再也回不去，10 多岁时想到了 20 多岁工作了多好，工作了想到了 40 多岁有地位了多好，有地位了想到了 60 多岁退休了多好，慢慢地自己就老了，再也回不去了，时过境迁之后，却异常的怀念。跌跌撞撞、绊绊磕磕中，自己竟然还没有老去，多好！何不红尘作伴活得潇潇洒洒，正确地去面对委屈。

事实上“宝剑锋从磨砺出，梅花香自苦寒来”，受委屈的过程也是我们锻炼成长的过程。有委屈，才有了文王拘而演周易；有委屈，才有了仲尼厄而作《春秋》；有委屈，才有了屈原放逐，乃赋《离骚》等等，他们把委屈当成苦口的良药，当成前进的动力，最终委屈也就成了他们不可缺少的一笔财富。

网上有句话：“道理我都懂，却依然过不好自己的一生。”确实，说起为人处世的道理，还有几个人能不懂，但是为什么还是有少部分人觉得依然过不好自己的一生呢？就是因为心性还不成熟，就如一个急躁的人明明懂得急躁了不好，但是真正遇到棘手的事情还是会急躁，原因就是受委屈还不够。有委屈，心智才能更加成熟，人生才能多姿多味，才能丰富多彩。

故天将降大任于是人也，必先苦其心志，劳其筋骨，饿其体肤，空乏其身，行拂乱其所为，所以动心忍性，曾益其所不能。

总之，工作中受到了委屈，要善于自我疏解，切不可自暴自弃，带着负面情绪影响正常工作。用辩证的思维和开放、包容、淡定的心态，去看待和接纳委屈，这样会体现人的胸襟；省察自身不足，反思工作瑕疵，总结有益经验，这样会反映人的智慧；努力把工作做得更出色、更优秀，用干成事来化不理解为理解，这样会展示人的作为。

（二）勇于担当

在工作中时常会有少数人在履职过程中把待遇优厚视为“回报”，遇事先打利益算盘、先看个人得失，没好处就拔不动腿，有困难则唯恐避之不及。如果单位给自己 100 元工资，就绝对不做 101 元的事情，尽量少做事情，因为少做 1 元钱的事情就等于自己赚了 1 元钱，少做 2 元钱，就觉得自己发财了！然后就开心死了，拍个照发到“朋友圈”。殊不知，这是对自己最大的不负责任，不仅无益于个人成长，更不用说无益于国家和人民的事业发展。

自古以来，凡是成就一番事业的人，都有一个共同点，就是对待工作有着高度的责任感，把该担的担子担起来，把该负的责任负好，不仅认真履行责任，还勇于承担责任。

相反一个人没有高度的责任感，仅仅只是为了想当官，将来有地位，可以呼风唤雨，那么对待工作的激情总只能保持一阵子，整天逼迫自己去做自己很不情愿做的事情，逼迫自己假惺惺地去为人民服务，遇事就贪功诿过、推卸责任，只要有机会，就开始打自己的小算盘，如何从中捞到好处。

像这种做事的心态是很累的，短时间还好，如果长时间是很憋屈的，或许把身体累坏，患疾病；或许把名声败坏，进监狱。既然自己没有全心全意为人民服务的责任感，何必去当官，何必把自己累垮呢？

责任是什么？通俗来讲就是付出，责任就是付出，而且往往这种付出会比收获多很多很多。责任背后是无私无畏的境界，责任实质上也是奉献精神。

一位哲人曾经说过："人有两种活法，一种是为自己，一种是为别人"。不同的选择，将会有不同的人生道路。周恩来年轻的时候立下誓言，"要为中华之崛起而读书。"这句话绝对不是作秀，如果他当时只是为了自己能够有豪宅住，有豪车开，他何必冒着生命危险，枪林弹雨，整天人心惶惶？他不能去干点别的？有钱还要有命能够去享受。

1927年8月1日，以周恩来为书记的中共前敌委员会领导2万余人的革命武装，举行了南昌起义，从此中国共产党拥有了自己的军队，后来也将8月1日定为建军节。当时革命武装成功占领了南昌，取得了阶段性胜利后退守南昌，想占领广州，实现第二次北伐计划，结果失败，周恩来差点丧命，来到了香港。

1928年4月，朱德将其中一支剩下800多人的部队带到了井冈山，和1927年9月取得秋收起义胜利的毛泽东汇合，不久周恩来也来到了井冈山，赞同了毛泽东走农村包围城市的革命道路主张，最后中国共产党夺取了全国胜利。

我们往往看到很多人成功，却忽视了他们背后不为人知的辛酸。他们的成功或许有许多运气因素，但是绝对不可能总是靠运气。不经历风雨怎么见彩虹，没有谁能随随便便成功。

成功的路上有许许多多的选择，一个人成功越大，他面临的选择也越多越大，绝非全靠稀里糊涂的运气，每次选择只要随便选选，然后就稀里糊涂地发现自己飞黄腾达了？往往很多次选择，他们不仅要用自己的智慧去决策，还会经历如履薄冰、如临深渊，承受地狱般的心理折磨。

一个人没有大的目标，思想就会很平静，一旦有了大的目标，一路上就荆棘丛生，处处都是磨难，要付出比收获多很多的代价，如果用金钱来衡量，可能要收获100元，就要付出1000元，乃至10000万，甚至更多的代价，如果自己仅仅只是为了自己，那自己又何必付出那么多的代价，付出都比收获多那么多。特别是当我们在前进的路上遇到艰难困苦时，我们是不是会静下心来想一想，我们这么辛苦到底值不值？成功了的人就会觉得很值了。这就是为什么有些人很成功，有些人很普通的原因，这也是我们党的宗旨是“全心全意为人民服务”的原因。

责任感是成就个人事业必不可少的内在源泉，可以说一个人的责任感有多大，舞台就有多大。我们要想干得好、成长快、出实绩，就要牢记责任二字，义无反顾扛起肩头重任。

人生须知负责任的苦处，才能知道尽责任的乐趣。干事不在大小，只要是为群众着想，从群众利益出发，办一些实实在在、看得见摸得着的事情，群众就会认可，上级就会认可，把小事做好也更能体现一个人的责任感。

然而工作中，时常会有个别人心高气傲，面对上级交办的一些细小而琐碎的事情，就产生“跑龙套”之感，觉得自己是名牌大学生，怎么做这么鸡毛蒜皮的事情？假如把领导的位置让给自己做，一样会做得很好，甚至比领导做得更好，结果是这样吗？这种不安心做事的心态，只会让他粗心大意，导致错漏百出，反而始终成为不了领导。

“天下难事必作于易，天下大事必作于细”，做大事就是将事情细化成每一件小事而做好，那些看似微不足道的小事、杂事，恰恰是做成大事、难事的阶梯。我们要想成为党和国家需要的人才，就要甘心做小事，把简单的工作做出新、出色、出彩。

其实在我们上学的时候，每一次到了考试的时候，很多人都会如坐针毡、如履薄冰、寝食难安、全力以赴。

可是今天在单位工作的过程中，我们有多少人真正能够做到如坐针毡、如履薄冰、寝食难安、全力以赴了？为什么我们没有把它当作考场？有人说这是一个工作单位，考场会影响我一生的命运，可是，我们就没有想到职场会同样影响你更深、更大、更久的一生命运吗？

人生处处是考场，人生事事是考题。其实在我们的一个考场当中，如何拿到一个好的成绩？那就是无论大题小题都要做对。

事实上，在我们的工作单位当中，我们把它当作考场，这个单位的考场当中题是什么？每一道题就是每一项技能，每一道题就是每一份工作，每一道题就是每一件事情，它比我们考试中任何一道题更重要，我们题做对了，最多拿到的是一张文凭，而事做对了，我们就为经济社会发展贡献了自己的份额，我们拿到的是份薪酬和信任，还有更大的升值空间。

（三）善于担当

我们在工作的过程中，难免会遇到这样或那样的问题，因为突发的事情经常会有。当我们无论遇到什么问题，都先不去考虑该如何去解决这个问题，而是直接把问题转嫁给领导，让领导来想办法如何去解决，那么单位还需要我们干嘛？是不是只需要一个领导就够了？

领导管的人不多还好，要是像县委书记一样，管了全县所有的乡镇和县直部门，所有的乡镇和县直部门的一把手随便遇到一点问题就来找县委书记问问题，县委书记是不是要像移动客服一样，每天只需要坐在办公室接电话呢？

工作中，如果我们遇到什么问题都要领导来安排和催促，不仅仅领导会累，我们更加累，因为事情总是要做的，而且是不能做坏的，自己不做，会被领导逼着去做，自己做不好，会被领导逼着去做好，为什么总是要把自己当作一个木偶去非常被动地执行呢？

事实上，我们在负责做一件事情的时候，我们就是这件事情的领导，我们何不提高自己的主观能动性，发挥自己的积极性、主动性和创造性呢？凡事不等不靠，超前谋划，即使遇到不是自己能力范围内或权责范围内的事情，也不直接去让领导做问答题，而是拿出几个成熟的方案让领导去做选择题。

当领导做出了决策，我们不仅仅要尽快去执行，还要多想想事态将会如何发展，如何避免一些不必要的风险，要用领导的格局去对待事情，想领导之所想、急领导之所急、解领导之所困，善始善终、善学善思、善做善成地做好各项工作，真正做到责任不推诿、问题不回避、矛盾不上交、差错不出现。

另外，在这个积极主动工作的过程中，我们不能等领导问了才汇报，要多给领导汇报事情的进展和打算，当领导问自己工作的进展就是对自己工作的不放心，但是如果我们提前汇报了，领导就会高枕无忧了。

这里讲一个关于主观能动性的案例，有这样一个买土豆的故事。张三和李四同时受雇于一家酒店，拿同样的薪水。一段时间后，张三青云直上，李四却原地踏步。李四想不通，老板为何厚此薄彼？

老板让李四去集市上看看今天早上有没有卖土豆的，李四回来汇报："只有一个卖土豆的农民。"老板又问："有多少？"李四赶紧又一次跑到集市上，然后回来告诉老板："一共100斤土豆。""价格呢？"老板说。"您又没叫我打听价格。"李四委屈地申明。于是闷闷不乐的再一次跑到集上问价格。

老板又把张三叫去集市上看有没有人卖土豆，张三也很快就从集市上回来了，他一口气向老板汇报说："今天集市上只有一个农民卖土豆，一共100斤，价格是2毛5分钱1斤。我看了一下，这些土豆的质量不错，价格也便宜，于是顺便带回来一个让您看看。"

张三边说边从提包里拿出土豆，"我想这么便宜的土豆一定可以挣钱，根据我们以往的销量，100斤土豆在一个星期左右就可以全部卖掉。而且，咱们全部买下还可以再适当优惠。所以，我把那个农民电话留着了，他现在正在外面等您回话呢……"①

同样的工作，不一样的人生规划。在工作中，没有人比自己更在乎自己所做的事情，例如入党比较困难，自己不想积极入党时，是没有人硬是逼自己的。不要总是静等安排，没有什么东西像积极主动的态度一样更能体现自己的独立人格。

最能体现人的主观能动性就是创新，我们囿于过去的"经验"，因循守旧、固步自封，也会造成工作的被动局面，创新才有核心竞争力。过去是怎么做的，现在就怎么做，这样工作确实不会出大的纰漏，但这样工作就很难做出彩。然而有时候，工作上一个小小的创新之举，却会带来意想不到的收获。爱迪生的"灯泡"明亮了全球；比尔—盖茨的"电脑"网络了全球。毛泽东的"思想"解放了全中国；邓小平的"改革开放"富强了全中国。

① 水天：《买土豆的故事》，《中国电力企业管理》2008年第005期，第71页。

那怎么样提升创新能力呢？创新能力就是学习能力的升华，是学以致用、学为所用、活学活用的体现，这就要求我们要练就过硬本领，只有这样才能有创新的底气。世事洞明皆学问，人情练达即文章。社会是最好的课堂，群众是我们最好的老师，我们不仅要在单位向领导、向同事学，也要在基层向实践、向群众学，不断丰富自己的知识结构，为创新提供源源不断的能力支撑。

当然我们在提高主观能动性的同时，也要注重关系的协调，过于主动便会导致工作关系恶劣，我们在会做事的同时，更要会做人。何为度呢？超越职权，就会造成上级有意见；不善沟通，就会造成双方误解；态度生硬，就会得罪于人。结果是既办不好事，又处不好人的被动局面。对上关系协调不好，我们的工作就很难出成绩；对下关系协调不好，我们的工作就很难落实；同事之间关系协调不好，我们的工作就很难开展。

4 不忘初心才能永远年轻

几乎每个人都听过“不忘初心，方得始终”这句话，却少有人知道下一句“初心易得，始终难守”。法国著名学者纳德·兰塞姆提出了一个兰塞姆定律，“假如时光可以倒流，世界上将有一半的人可以成为伟人。”人生有了“如果”我们就会重新审视初心，呵护初心，就会有不一样的人生。

习近平总书记在党的二十大报告中指出：“全党同志务必不忘初心、牢记使命，务必谦虚谨慎、艰苦奋斗，务必敢于斗争、善于斗争，坚定历史自信，增强历史主动，谱写新时代中国特色社会主义更加绚丽的华章。”

提到“不忘初心”这句话，不禁就会产生疑问，咱们共产党的初心到底是什么？为什么要不忘初心？怎么样践行初心？针对这三个问题，我将从回顾初心、牢记初心、践行初心三个方面和大家一起，作一场题为《不忘初心才能永远年轻》的交流，讲得不当之处敬请批评指正。

一、回顾初心

在汉语字典里面，“初心”就是出发时的目标、誓言或承诺。在瞬息万变的繁华世事中，初心常常被我们遗忘，正如黎巴嫩著名诗人纪伯伦所说：“我们已经走得太远，以至于忘记了为什么出发。”一百多年来，我们中国共产党人的初心到底是什么呢？

（一）初心是不忘恩

我们出生在和平年代，改革开放，国强民富令我们尽享太平盛世的福祉，树高万丈不忘根，人若辉煌莫忘恩！我们今天的幸福生活是来之不易的。

在十九世纪中叶，鸦片战争后，争取民族独立和人民解放、实现国家富强和人民幸福，成为中华民族面对的两大历史任务。习近平总书记曾指出：“太平天国运动、戊戌变法、义和团运动、辛亥革命接连而起，但农民起义、君主立宪、资产阶级共和制等种种救国方案都相继失败了。战乱频仍，民生凋敝，丧权辱国，成了旧中国长期无法消除的病疠。”

正当人们为“中国向何处去”苦恼和困惑的时候，俄国十月革命的隆隆炮声传到了中国，中国人民看到了“沉沉深夜”中的光明前景。陈独秀、李大钊等一批先进知识分子迅速接受和传播马克思主义，五四运动后中国工人阶级作为先进的社会力量崭露头角。1921 年，在马克思主义同中国工人运动相结合的进程中，中国共产党应运而生。

自此以后，我们党又经历了一些什么事情呢？20 世纪 90 年代，我国大街小巷都传唱的一首歌中，有这样两句歌词："我们唱着东方红，当家作主站起来；我们讲着春天的故事，改革开放富起来。"这首歌叫什么名字？对，《走进新时代》。

歌词中提到的"站起来"，是毛泽东的概括。"起来，起来……中华民族到了最危险的时候，每个人被迫着发出最后的吼声！"中国共产党团结带领全国各族人民经过 28 年浴血奋战，打败日本帝国主义侵略者，推翻国民党反动统治。1949 年 10 月 1 日中华人民共和国正式成立，毛泽东主席一声"中国人民站起来了"，让多少中华儿女为之沸腾。

歌词中提到的"富起来"，则是人民群众对邓小平同志领导的中国改革开放发自内心的赞颂。人民获得自由后，实现民族振兴、国家富强和人民富裕，是近代以来中华儿女最强烈、最执着的愿望追求。但是，这么大一个一穷二白的国家，富起来谈何容易？邓小平同志一句"贫穷不是社会主义"，醍醐灌顶，振聋发聩。经过改革开放以来的不懈奋斗，中国国内生产总值稳居世界第二，对世界经济增长贡献率超过 30%。中华民族逐渐富了起来。

党的十八大以来，在以习近平同志为核心的党中央带领下，中华民族强筋壮骨，日益强起来。形成了习近平新时代中国特色社会主义思想，使具有 5000 多年文明历史的中国面貌焕然一新，中国特色社会主义进入了新时代。世界上越来越多的人习惯欣赏"中国奇迹"、对表"北京时间"、倾听"中国声音"，从根本上改变了中国的国际地位。

正是基于这些，习近平总书记才提出"站起来、富起来、强起来"这一重要论断，简短的九个字展现了我们党和国家事业发展的历史性变革，揭示了中华民族走向伟大复兴的历史逻辑。

（二）初心是不忘本

1934 年 10 月，第五次反“围剿”失败后，中央主力红军为摆脱国民党军队的包围追击，被迫实行转移，退出中央根据地，开始长征。

长征是人类历史上的伟大奇迹，中央红军共进行了 380 余次战斗，攻占 700 多座县城，击溃国民党军数百个团，其间经过 14 个省，翻越 18 座大山，跨过 24 条大河，走过荒草地，翻过雪山，行程约 25000 里，于 1935 年 10 月到达陕北，与陕北红军胜利会师。1936 年 10 月，红二、四方面军到达甘肃会宁地区，同红一方面军会师。红军三大主力会师，标志着长征的胜利结束。[①]

回顾中央红军的整个长征，出发的时候有 86000 多人，沿途还扩招了很多人，总的说起来也有十几万人，到了延安才剩下个零头——6000 多人，这是什么概念？95% 以上的红军战士把自己永远地留在了长征路上。

长征中，贺龙部队里担任师长的贺炳炎一条胳膊被打断了，半个身子被鲜血染红。他挺到了战斗结束，因为流血过多而昏迷。在一个小村子的打麦场上，卫生员抬了个大凳子，用绳子把贺炳炎捆在凳子上，什么麻药都没有，医生硬是踩着他的身体，用锯木头的锯子给他截了肢。在场的贺龙从凳子底下一摊脓血里扒拉出来一些东西。后来做战斗动员时，贺龙从怀里掏出手绢打开说，“同志们，这是你们师

① 长征，百度百科，https://baike.baidu.com/item/%E9%95%BF%E5%BE%81/22312.

长的骨头渣。”这样的事在长征路上不胜枚举，每一个真实的故事都可能让你潸然泪下……

对当时的红军而言，最大的重创莫过于1935年6月懋功会师后，张国焘反对中央北上的决定，10月率部南下川康，在卓木碉宣布另立“中央”，1936年6月被迫取消，不久便到国民党军统从事反共特务活动。①

罗瑞卿将军感叹道，“整个长征路上，平均一公里牺牲两名战士”。我们党就靠着这么一点点人打下了江山，建立了中华人民共和国。我们常常说红军精神。红军在一年多的时间，走25000里长征，靠什么支撑？

在《我的父亲邓小平》一书中可以找到答案。邓小平的女儿毛毛（邓榕）问父亲，“长征的时候，你都干了些什么工作？”邓小平只用了三个铿锵简明的汉字“跟着走”！语言简洁精辟，一语中的。但简洁明确的语言，却传达着耐人寻味的深邃思想。

“跟着走”，跟谁走？怎么走？一个“跟”字，明确了方向；一个“走”字，坚定了信念，这恰恰是邓小平同志光辉一生的真实写照。

跟谁走？是张国焘的“跟我走”，还是邓小平坚持的“跟着走”？说到底是信仰的选择问题。习近平总书记强调：“我们党以马克思主义为立党之本，以实现共产主义为最高理想。”我们无论何时何地都要清楚和明白，马克思主义是我们的“看家之本”。

① 张国焘，百度百科，https://baike.baidu.com/item/%E5%BC%A0%E5%9B%BD%E7%84%98.

（三）初心是不忘质

1921 年 7 月党的一大通过的《中国共产党第一个纲领》表明，中国共产党是无产阶级的政党，目标是实现共产主义。可见我们党从成立之日起，就是一个为人民服务的政党。一切从人民的利益出发，全心全意为人民服务，是中国共产党的本质特征。

从建党至今，每次民族灾难来临之时，冲在最前面的总是共产党员，他们用肩膀为我们扛起了重担困苦，用身躯为我们挡风遮雨。面对突如其来的新冠肺炎疫情，我们党准确把握疫情形势变化，立足全局、着眼大局，及时作出统筹疫情防控和经济社会发展的重大决策，坚持依法防控、科学防控，推动落实分区分级精准复工复产，最大限度保障人民生产生活。我国在疫情防控和经济恢复上都走在世界前列。充分显示了我们党超强的凝聚力，党心就是民心。

纪实文学《梁家河》是不忘初心的生动教材。全书共 10 多万字，内含 40 幅图片，共分为 4 个部分。

第一部分“树高千尺忘不了根”，记录了习近平总书记两次回梁家河的生动场景，以及 40 多年来对梁家河乡亲们的绵绵深情和关心牵挂；第二部分“窑洞里长满了故事”，讲述了习近平总书记在梁家河插队时，带领村民打坝造田、修沼气池、建铁业社等发展生产的为民情怀以及他刻苦学习、不忘修身的励志故事；第三部分“一声声喊我小名”，讲述了当年与习近平总书记交往中的小伙伴们获得了哪些人生大学问，进而提升了他们的人生境界，影响了他们的人生道路；第四部分以“我们走在阳光路上”，通过梁家河 40 多年来，特别是党的十八大以来乡亲们的幸福生活，为读者展现了梁家河村翻天覆地的巨大变化。

习近平总书记从15岁时就到陕西省延川县文安驿公社梁家河大队插队落户，他回忆起梁家河七年往事时，曾经深情地说："我是黄土地的儿子。""作为一个人民公仆，陕北高原是我的根，因为这里培养出了我不变的信念：要为人民做实事！"习近平总书记还说："我的成长、进步应该说起始于陕北的七年。最大的收获有两点：一是让我懂得了什么叫实际，什么叫实事求是，什么叫群众。这是让我获益终生的东西……"这就是总书记的人生轨迹，这就是从延安这片黄土高原中走出来的人民领袖的人生格局。

近些年，我们常常见到的一幕就是，习近平总书记会直接出现在平民百姓中间，引起一片欢呼和手机镜头咔嚓声。他自办年货，回到插过队的农村看望老乡；他淋着雨同工人交谈，到农民家看谷仓、床铺、灶房、猪圈；他记挂老人，去敬老院不忘查看每日食谱；他关心学生，告诉他们"要扣好人生的第一粒扣子"；地震灾区考察时，他走进帐篷了解安置居民生活。

"不忘初心、牢记使命"，就是要坚持全心全意为人民服务的根本宗旨，永远保持对人民的赤子之心，不断带领人民创造更加幸福美好的生活。

二、牢记初心

之所以一再强调不忘初心，一个重要原因是少数党员忘记了初心，腐化变质、违法犯罪，甚至叛党叛国，走到人民的对立面，给党和人民的事业造成巨大损失。

可以说，能否不忘初心，事关党和人民的事业兴衰成败和共产党人荣辱浮沉；唯有不忘初心，共产党人才能行稳致远、铸就辉煌。

（一）初心能安身立命

不忘初心是一种戒惧，本初之心是简单之心。在前行过程中，人们往往会被路边风景吸引甚至诱惑，偏离初定的正道，这事实上是一种贪婪。专心致志方能有所成就，心怀戒惧才能抵制诱惑。

习近平总书记曾说过："我们党作为执政党，面临的最大威胁就是腐败。"也曾指出，"腐败是社会毒瘤。如果任凭腐败问题愈演愈烈，最终必然亡党亡国。我们党把党风廉政建设和反腐败斗争提到关系党和国家生死存亡的高度来认识，是深刻总结了古今中外的历史教训的。中国历史上因为统治集团严重腐败导致人亡政息的例子比比皆是，当今世界上由于执政党腐化堕落、严重脱离群众导致失去政权的例子也不胜枚举啊！"

"君子为政之道，以修身为本。"党员干部能否战胜自己，做人民满意的公仆，重在廉洁自律，不忘初心。为政之要在于廉洁，廉洁之本在于自律，自律之道在于防患于未然。

古希腊神话中有一个盘踞在墨西拿海峡的女妖塞壬，经过的航船常被她诱人的歌声魅惑致船毁人亡。特洛伊战争英雄奥德修斯率领船队经过此地时，偏不信邪但又怕自控不住，于是嘱咐部下们用蜡封住耳朵。他自己让部下把他绑在桅杆上，当船经过时，奥德修斯作为船上唯一一个没有塞住耳朵的人，果然备受煎熬……故事的结局相信大家都猜到了：是同伴们的捆绑帮助他渡过了难关。

在现实生活中，金钱、权力、美色，有时就像塞壬的歌声一样充满诱惑，万事皆有初，不少违法犯罪行为，无一不与当初不慎的"第一次”有直接关系。一旦有第一次，便如雪山崩塌一样一发不可收拾。

经常会有贪官交代：第一次有人送我几千块钱，收下后心里惴惴不安。过几天，发现风平浪静，似乎一切如故，就渐渐大胆起来。后来慢慢就变得收上万、上十万，甚至上百万都心安理得了。

一些党员干部之所以犯这些错误，在人生末路上追悔莫及，根本原因就是在为官从政道路上，忘记了初心，迷失了方向。随着事业的攀升和权力的增大，当看到别人有权有钱，就放松了警惕、丢掉了本色，守不住初衷、把不住底线，最终背离初心、背弃誓言，偏离人生轨道，滑向违纪违法的歧途……

只有不忘初心，时刻清醒我们党从哪里来、要到哪里去，当初我们为什么立党，立党后我们做了什么，今后还需要和将要做什么，才能永怀赤子之心、永葆矢志不渝的奋斗精神，为增进人民福祉，时刻用“先进”之光照亮黑暗中的孤舟，向黎明的成功彼岸前行。

（二）初心能精神永驻

我们每个人都有自己的路，失落、沮丧、悲伤，一路上，我们都曾经历过，当遇到这些坎坷挫折时，又是什么力量支持着我们一路前行呢？

法国著名哲学家萨特曾经说过：“世界上有两样东西是亘古不变的，一是高悬在我们头顶上的日月星辰，一是深藏在每个人心底的高贵信仰。”而《信仰的力量》这本书中也曾写到“能够激发灵魂的高贵与伟大的，只有虔诚的信仰。在最危险的情形下，最虔诚的信仰支撑着我们；在最严重的困难面前，也是虔诚的信仰帮助我们获得胜利。”这些都告诉我们正确的信仰是路标、是灯塔、是方向。

由同名漫画改编的动画《哆啦 A 梦》电影版中有个情节，叮当陪了大雄 80 年，大雄临死前对叮当说："我走之后，你就回到属于你的地方吧！"叮当同意了！大雄死后，叮当用时光机回到了 80 年前，对小时候的大雄说："大雄你好，我叫叮当。"

人生若只如初见，多好！如果累了，我们就回到第一天见面的时候，找回那份初心……

我们走了这么久，是否还记得，我们曾经许下的诺言？在刚刚加入中国共产党的时候，我们庄严宣誓，"我志愿加入中国共产党，拥护党的纲领，遵守党的章程，履行党员义务，执行党的决定，严守党的纪律，保守党的秘密，对党忠诚，积极工作，为共产主义奋斗终身，随时准备为党和人民牺牲一切，永不叛党。"

忠诚与背叛，在特殊的历史时期，共产党人在艰难地考验前面临着生与死的抉择，在生死关头，是坚定信仰誓死不渝还是抛弃信仰叛党投敌，在这其中信仰决定一切。

革命战争年代，共产党人信仰坚定、世所罕见，他们宁可牺牲自己的生命，也绝不动摇自己的信仰。1928 年，担任中共湖北省委常委的夏明翰不幸被捕，面对敌人的严刑和诱惑，他写道："砍头不要紧，只要主义真。杀了夏明翰，还有后来人！"气壮山河的话语，表现了白色恐怖下坚贞不屈的共产党人的浩然正气。

陈觉、赵云霄夫妇从苏联回国，在湖南从事地下工作，不幸被捕。陈觉很快被杀害，赵云霄怀孕在身，刑期推到分娩后。孩子出生后，她只要发表脱党声明，就可出狱。但她宁愿牺牲生命，也绝不叛党，敌人将她也杀害了。临刑前，赵云霄给孩子写了封信，这封信大义凛然，却充满了人间温情，既是一曲人间亲情的绝唱，催人泪下；又是一曲鼓舞斗志的战歌，动人魂魄。这个只有23岁的女共产党员体内蕴藏着怎样巨大的精神力量!

无论时光流逝，沧海桑田，一只红船在历史中前行，从南湖起航到奋楫金沙江、从四渡赤水到饮马长江，将红旗插在了井冈峰顶、遵义城头、延安宝塔、西柏坡上，把中国革命、建设、改革的历史串联成一幅动人心魄的大潮行舟图。我们党从小到大、从弱到强，靠什么历经磨难而不垮、越是艰险越向前？归根到底靠的是马克思主义理论指导、靠的是共产主义理想信念支撑。

历史总是要前进的，历史从不等待一切犹豫者、观望者、懈怠者、软弱者。新时代，我们党靠什么领导人民实现第二个百年奋斗目标、开创中华民族美好前景？习近平总书记告诫全党，要坚定中国特色社会主义道路自信、理论自信、制度自信、文化自信。这“四个自信”都源自共产党人的初心，是对共产党人坚守初心的自信与自豪。不忘初心，既为我们把舵导航、指路明向，又为我们提振精神、凝聚力量，是共产党人与历史同步伐、与时代共命运的重要法宝。

（三）初心能无往不胜

2014年，由刘烨、陈宝国等明星联合主演的电视剧《北平无战事》留给我印象最深刻的是大结局中，北平银行行长方步亭犹豫是否将黄金运到台湾的场景。

方步亭受蒋介石之命，即将调台北银行任行长，他认为北平金库的黄金是搜刮的民脂民膏，不应带给国民党。而且，在经历了法币和金圆券的急剧贬值之后，当时的中国正处在通货膨胀物价飞涨之际，纸币形同废纸，黄金是稳定经济秩序的硬通货。倘若黄金被运走，对于一个国家来说便失去了经济基础和财政支柱，后果不堪设想。

可是北平地下党负责人劝行长带走。行长疑惑不解地问：“为什么？”地下党负责人说：“把黄金运走，把民心留下。”这个命令正是出自毛泽东之口。

黄金与民心孰轻孰重？在不同人的眼里是不一样的。蒋介石认为黄金重要，因此他下令把北平的黄金运走。国民党初到台湾经济上没碰到太大困难，这与蒋介石逃走时把大陆的黄金大量运到台湾有关。

可是中国共产党认为民心大如天。得民心者得天下。得到了民心没有黄金可以挖出黄金。20 世纪 50 年代，大陆的黄金储备少得可怜，可如今已越千吨，在世界排名中大大靠前。黄金是经济稳定的支撑，民心则是经济与社会稳定的第一支撑，是经济与社会齐飞的第一动力。

国家如此，对一个人、一个地区、一个部门来讲也是如此。民心向背决定事业的成败。各行各业办任何事情都要问一下有没有“把民心留下”，做领导的在考评一个人、一个单位时，也要无例外地问一下有没有“把民心留下”，“把民心留下”应该是权重最大的第一考核指标。

战争年代，在我们党和人民军队伟大精神的感召下，沂蒙人民与党、人民军队生死与共的热情像火山一样迸发出来。在艰难困苦的革命岁月，沂蒙人民无怨无悔地爱党爱军，最后一口粮当军粮、最后一块布做军装、最后一个儿子送战场，拿小米供养了革命，用小车把革命推过长江。用乳汁救伤员的明德英，精心照料革命后代、自己的四个孙子却因营养不良先后夭折的“沂蒙母亲”王换于，孟良崮战役中烙煎饼、做军鞋、筹集粮草、运送弹药、奋不顾身无私拥军支前的沂蒙六姐妹……沂蒙人民与人民军队共御外侮、众志成城，为抗日战争胜利、为解放战争胜利谱写了惊天地、泣鬼神的英雄篇章。

“衙斋卧听萧萧竹，疑是民间疾苦声。”问题是时代的声音，民心是最大的政治。初心是为了人民，力量来源于人民，只有把人民放在心中最高位置，永远和人民想在一起、干在一起，我们的事业才能无往而不胜。

三、践行初心

习近平总书记提出“时代是出卷人，我们是答卷人，人民是阅卷人”的精辟论述，为全党深入学习贯彻习近平新时代中国特色社会主义思想，更好地坚持和发展中国特色社会主义进一步指明了方向。同时，也是对全党发出的“赶考”动员令。

我们要永葆奋斗精神和赤子之心，凝聚继续前进的磅礴力量，践行初心，努力在实现中华民族伟大复兴中国梦的征程上书写新的壮丽篇章。

（一）初心需要基层组织凝心聚力

党支部作为最基层的党组织，直接与每一名党员联系，如同党与党员之间的纽带，将党员紧密地聚拢在党中央的周围，又如同一根根树枝，串联着每一片树叶，形成一棵高大的、生命力顽强的参天大树。

首先要教育指导到位。党支部在日常的生活和工作中，与党员的联系密切，要把“三会一课”与支部主题党日活动结合起来，每月固定一天集中开展学习讨论、讲专题党课、交纳党费、实践锻炼、为民服务等主题活动，实现党员与党支部“每月有约”，使思想政治教育建设真正抓在日常、严在经常。

在形式上，要做到“三改变”，即变单一为多样，变灌输为互动，变封闭为开放，力求减少“坐下来，集中学，一人说，大家听”的“一言堂”状况，可以通过视听音像，或开展辩论赛、演讲赛、知识竞赛、业务观摩、参观学习、社会考察、公益劳动等多种活动，进行参与式、交互式、启发式教育，做到动耳、动眼、动脑与动手相结合。

其次要监督管理到位。中国共产党是中国工人阶级的先锋队，同时是中国人民和中华民族的先锋队，既然如此，每一名党员的言行举止都应当严格遵照党章党规中的各项要求，充分体现我党的先进性，这也要求党支部做好监督管理工作。

在相当多人的心中，一说到“监督管理”就立刻联想到组织如何控制成员、领导怎样去制服下级，下级去摆平群众。其实管理的概念的确有控制的一面，但管理并非就是控制，它还应包括工作沟通、协调和过程监督等内容。

党组织要加强和做好党员思想分析，尽可能将思想工作做在前面，随时关注党员的思想动态，了解党员工作、学习、生活等方面的具体信息，掌握党员参与党内生活的情况。对于存在问题的党员及时提醒和纠正，永久地保持党的纯洁性。

其三要保障服务到位。在基层调研时曾听到一些基层干部群众吐槽，基督教信徒们“赶教会”比党员参加党内活动还积极。当问及原因时，基本都异口同声地说，“人家教会对信徒可好，谁家有个困难、病情时，总会有人上门慰问，或帮着代为祷告。”

人是感情动物，党支部是每位党员的“家”，组织上有了亲情关爱，党员干部自然会感悟在心、感动在情，进而增强在党意识，切实做到在党言党、在党爱党、在党忧党、在党兴党。

我们要多在政治、工作、生活、心理等方面对党员干部进行激励、关心和帮助，努力使党员干部获得身份上的荣誉感、工作上的成就感、生活上的获得感、人格上的尊严感、价值上的实现感和情感上的理解感，并进一步激发出政治热情和工作动力。

（二）初心需要领导干部善抓善管

领导干部是否会抓管理，关乎党的事业目标任务能不能实现，关乎中央重大政策部署能否落地生根，关乎维护党的威信和巩固党的执政基础。

首先要善于出主意。谋全局、看大势、定方向、做决策关乎事业成败。一个好的决策出台，需要利用“SWOT”（英文“优势”“劣势”“机遇”“挑战”的首字母）分析法，深入调研、反复讨论，找出自身的优势、劣势及核心竞争力之所在。

通俗一点理解就是把握主要矛盾。毛泽东同志把这个问题也始终放在领导工作的突出地位。拿解放战争中的辽沈战役来说，当时面对的主要问题是：切断东北同关内的联系，先拿下锦州，将国民党军的重要精锐封闭在东北加以歼灭，这比其他任何问题都更重要。果然，锦州一解放，东北同关内的联系一切断，北面的沈阳和长春两问题便“迎刃而解”了。①

当然，主要不等于唯一，集中力量解决主要矛盾不等于对其他方

---

① 辽沈战役，百度百科，https://baike.baidu.com/item/%E8%BE%BD%E6%B2%88%E6%88%98%E5%BD%B9/1295.

面的问题统统丢开不管。拿乡村振兴来说，是一个系统的工程，既要做大做强自身核心竞争力，又要像“弹钢琴”那样随时照顾到其他方面的工作，在发展产业上要千方百计、在精神文化上要百般呵护、在监督管理上要十分细致、在绿化家园上要一心一意，这样才能避免工作中走向另一种片面性。

其次要善于用好人。要做好任何工作，都不能只靠领导者个人的智慧和努力，而必须依靠大家的力量，必要时还得依靠群众，走群众路线，领导者最大的本事是发动别人做事。领导凡事事必躬亲，不仅仅很难处理好事情，而且还会挫败下级的积极性和阻碍下属的成长。

在战争年代，毛泽东给前方将领的电报和指示，许多都写有“请酌办”“望机断行之”“请按实情决定”。淮海战役时，毛泽东曾电示总前委：“情况紧急时机，一切由刘邓临时处置，不要请示。”他相信和依靠指战员的思想觉悟和创造能力，充分发挥指战员的聪明才智去战胜敌人，敢于授权。事实证明，他是成功的。

能用众力，则无敌于天下；能用众智，则无畏于圣人。我们能团结多少人，我们就能成就多少事。毛泽东在这方面有很好的办法，那就是“团结左派，争取中间派，孤立右派”。左派和右派态度比较坚定，但占少数，中间派占多数，最容易动摇。因此，和右派的斗争是集中在争夺中间派上。怎么争取？就是各种公开场合，让左中右三派都出台表演，让他们混战一场，特别是让右派充分暴露，到了适当的时机，巧妙地推动左、中分子发言，反击右派。

其三要善于抓落实。“空谈误国，实干兴邦”，工作不仅要说在嘴上、写在纸上、讲在会上，更重要的是落实到行动中。战国赵括“纸上谈兵”、两晋学士“虚谈废务”的历史教训大家都要引为鉴戒。要大力弘扬“马上就办”精神。“马上就办”是时任福建省福州市委书记的习近平同志向全市干部提出的要求。1992年，他强调：“‘马上就办’加上‘真抓实干’，我们就能切实转变作风，把工作落到实处，开创新局面。”

在抓落实的过程中，贵在持之以恒，也难在持之以恒。因为工作的过程中，难免会遇到这样或那样的挫折，最大的挫折莫过于付出了很多努力，却得不到认可。在工作中，你做对了很多事情不一定会给人留下多大的印象，但做错了事情就会给人留下深刻的印象。因此，有些人便害怕多做多错，给人留下坏印象。这种想法是很不应该的，不仅工作很难落实，也不利于自身成长。

我们要明白一点的就是，苹果树结再多果实，可能自身都不会获得一颗果实，但是如果自断经脉，拒绝成长，那么将永远不会变粗变大，如果自身成长为参天大树时，或许还会有剩下的果实留给自己。当自己还是一棵小树苗时，就不要太在乎最初拥有的果子，成长才是最重要的事情。党员领导干部要提升“功成不必在我，建功必须有我”的境界，保持稳健发展的战略定力，坚持一张蓝图绘到底，久久为功，善做善成，把党的二十大描绘的宏伟蓝图一步步化为美好现实。

（三）初心需要普通党员争当合格

从我们面对党旗、举起右手、庄严宣誓的那一刻起，个人的命运就已经和党的命运紧密相连，身上肩负着的，不仅是光荣，更是使命。做一名真正的合格党员就要在信念上一生一世地坚守，在能力上一点一滴地积累，在工作上一心一意地践行。

首先要在信念上一生一世地坚守。忠诚是人的一种优良品质，对亲人、朋友、组织都应做到忠诚。但与这些忠诚相比，党员干部对党的绝对忠诚是一种更为无私、更为可贵的忠诚。思想入党，是我们党加强自身建设的一条重要经验。

延安整风期间，毛泽东深刻指出："有许多党员，在组织上入了党，思想上并没有完全入党，甚至完全没有入党。这种思想上没有入党的人，头脑里还装着许多剥削阶级的脏东西，根本不知道什么是无产阶级思想，什么是共产主义，什么是党。"这一论述，对于党员端正入党动机、增强党员意识、锤炼党性修养，仍然具有很强的现实意义。思想入党只有起点，没有终点。组织上入党一生一次，但是思想上入党要一生一世。

其次要在能力上一点一滴地积累。我们要明白圣人的道德境界，也不是天生的，而是一点一滴积累起来的。荀子认为，圣人不仅是崇拜的偶像，普通人也能经过坚持不懈的实践，从日常生活中不断地积累德行，提高自己的道德修养，达到尽善尽美的境地，成为一个圣人。

在学习中要注重学习范围的宽和学习途径的广，一点一滴地去积累。既要向书本学习，又要向实践学习、向同事学习、向老百姓学习。学习群众观点、群众方法和做群众工作的经验，学习群众善良的品质和务实干事的作风，学习群众艰苦奋斗和勇于创新的精神，学习群众乐观向上的生活情调和豁达大度的做人原则。

从而不断提升自身的业务能力、组织能力、协调能力、应变能力等，只有具备了相当的实力，才能让老百姓放心你、同事信任你、领导认同你、组织承认你。

其三要在工作上一心一意地践行。我们的事业是成就人民幸福的伟业、成就民族富强的伟业。面对艰难困苦，我们更需要一心一意地践行为人民服务的宗旨，做人民的好公仆。

不否认确实存在个别无理取闹或是无理缠访的上访人，但是大多数群众是通情达理的，而且是有着合理诉求的。不要因为遇到个别刁难的群众，就丢掉了自身与群众之间的感情。将干事的出发点和落脚点落到群众的实惠上，这本身就是我们党的事业。

在做群众工作中，要懂得心平气和，群众才能开心；心如磐石，群众才能安心；心口如一，群众才能放心；心甘情愿，群众才能称心。有了这种公仆意识，就能坚持深入实际，主动问计于民，不会高高在上；有了这种公仆意识，就能耐心倾听群众意见，真心服务群众，不会自说自话；有了这种公仆意识，就能做人清正、为政清廉，不会以权谋私。

不忘初心需要勇气，任江涛排空，任海浪呼啸，初心者无所畏惧。不忘初心需要坚韧，任山崖陡峭，任沟壑幽深，初心者决不退缩。不忘初心需要信心，任驼道漫漫，任朔风凛凛，初心者心有绿洲。不忘初心才能永远年轻，让我们一起在梦想之海中，乘着信念之舟朝着最初的梦想——那座名为初心的灯塔出发吧！

5 幸福都是奋斗出来的

每个人对幸福都有着不同的感受，但幸福其实是很简单的事。那么，作为一名共产党员，幸福究竟从哪里来?

“幸福都是奋斗出来的”是习近平总书记所说的话，它揭示了新时代创造人民美好生活的基本路径。把蓝图变为现实，将改革进行到底，无不呼唤不驰于空想、不骛于虚声的奋斗精神，无不需要一步一个脚印踏踏实实干好工作。今天就让我们围绕这个话题来一场推心置腹的交流。我个人的粗浅认识是幸福需要信仰、幸福需要责任、幸福需要勤奋。

一、幸福需要信仰

同志们，弹指间，您走过了您人生的20多年、30多年乃至40多年。今天的您，对您创造的一切满意吗？往事您还记得多少？或许今天您有所成就，或许今天您还在艰难的跋涉，在您内心当中，今天您还有多少快乐？或许您的财富和地位在不断地倍增，可您的快乐指数，却在不断地下降，您的压力变得越来越大，您变得越来越不开心了，究竟为什么？

那么今天，同志们，在这特定的时刻，就让我们来回顾下党的光辉历程，信仰共产主义的共产党人，造福百姓，温暖人间，收获着牺牲小我、换取大我的无私奉献的纯正幸福感。他们觉得信仰带来的幸福感是甜甜的、暖暖的、美美的，原因就是信仰孕育着希望、蕴含着大爱、闪耀着光芒。

（一）信仰是甜甜的，因为它孕育着希望

1920年春天的一个夜晚，陈望道在简陋的屋子里专心致志地翻译《共产党宣言》，母亲给他送去粽子和红糖，过了一会儿，母亲在屋外喊："红糖够不够，要不要我再给你添一些？"儿子应声答道："够甜，够甜的了！"谁知，当母亲进来收拾碗筷时，却发现儿子嘴边满是墨汁，红糖却一点儿没动。原来，陈望道竟然是蘸着墨汁吃掉

粽子的！[①]

墨汁为什么那样甜？原来，信仰也是有味道的，甚至比红糖更甜。正因为这种无以言喻的精神之甘、信仰之甜，无数的革命先辈，才情愿吃百般苦、甘心受千般难。

就是这一本书带来了一份信仰，改变了中国命运。著名作家柳青说过这样一句话：人生的道路虽然漫长，但紧要处常常只有几步，特别是当人年轻的时候。而对一个年轻人来说，政治信仰的选择，人生目标的确立，无疑是紧要之中的关键。

《共产党宣言》这本书对中国共产党早期领导人影响至深。众所周知，毛泽东、邓小平都曾提到《共产党宣言》对他们的重大影响，他们觉得这种信仰是甜甜的，所以用了一生一世来坚守。

其实，中共其他早期领导人也同样觉得信仰是甜甜的。1919 年，21 岁的周恩来在日本留学时读了《共产党宣言》的日文版后，便一发不可收拾。1920 年他赴法留学，继续品味这份甜甜的信仰，于是成了共产主义者。1922 年，他在《少年》上发表了《共产党宣言与中国》的著名论文，指出："全世界无产阶级为创造新社会所共负的艰难责任，我们也应当分担起来。"

1920 年，22 岁的刘少奇进入上海共产主义小组创办的外国语学社进行学习。在新中国成立后，他回忆起在那里接触《共产党宣言》时的情景，也一样感觉信仰是甜甜的。他说："当时我把《共产党宣言》看了又看，看了好几遍……从这本书中，我了解共产党是干什么的，是怎样的一个党，我准不准备献身于这个党所从事的事业，经过一

① 伍正华：《信仰的味道》，党的生活（青海）2014 年第 001 期，第 68 页。

段时间的深思熟虑，最后决定参加共产党，同时也准备献身于党的事业。”

1922 年，36 岁的朱德在德国接触了译成中文的马克思主义文献《共产党宣言》和共产主义的入门书。发现这种信仰是甜甜的后，在德国，他经由周恩来介绍加入了中国共产党。

共产主义信仰为什么那么甜呢？

1848 年，马克思和恩格斯在比利时布鲁塞尔白天鹅咖啡馆合作撰写的共产主义者同盟的纲领——《共产党宣言》问世。宣言以诗一般的语言，描绘了无产阶级运动的立场：“过去的一切运动都是少数人的或者为少数人谋利益的运动。无产阶级的运动是绝大多数人的、为绝大多数人谋利益的独立的运动。”以《共产党宣言》问世为标志，全世界的无产者有了自己的科学信仰体系。

1840 年鸦片战争以后，在西方列强坚船利炮轰击下，中国危机四起、人民苦难深重，陷入半殖民地半封建社会的黑暗深渊。中国人民在黑暗中期盼着光明。

当时的中国人在各种各样的思想理论中寻找着救国救民的出路。300 多个政党，数十种来自全世界的思想潮流，都在中国的政治舞台上轮番登场，但是，所有的道路都不能解决中国面临的最迫切的问题：民族独立、人民解放和国家富强。

一直到俄国十月革命胜利，《共产党宣言》的思想才作为一种信仰体系得到真正的传播。毛泽东说：“十月革命一声炮响，给我们送来了马克思列宁主义。”1921 年 7 月，中国共产党正式成立。在风雨如晦的年代，先进的中国人选择了马克思主义。马克思主义，给在黑暗中寻路的中国人照亮了前程。

这就是墨汁为什么那样甜的原因，这种信仰的味道，只有真正的共产党人才能品味得到。

（二）信仰是暖暖的，因为它蕴含着大爱

1929 年 8 月的一天，衡山县城忽然黑云密布，狂风大作，天气突然变得刺骨般阴冷。

在通往马王庙坪的路上，几十名伪兵荷枪实弹走在两旁，一位衣衫褴褛、满身伤痕的女子走在中间。她手戴镣铐，目光坚毅，高声呐喊："今天，杀了我一个毛达湘，还会有千千万万个毛达湘站出来！革命者，杀不尽，斩不决！"

悲壮声落，女子壮烈牺牲，这位女子不是别人，她是毛泽东的堂妹，党早期出色的女游击队长——毛泽建。她的一生很短，只有 24 岁，正是青春年华的时候，生命戛然而止，她的一生却又很长，她为之奋斗的理想终于实现并得到了传承，让我们一同走进她追求理想，坚守理想，献身理想的光辉一生。

1905 年，毛泽建出生在湖南韶山冲东茅塘一户穷苦人家，当过童养媳，受尽了封建压迫，社会的黑暗和不公激发了她不向命运低头，要改变这个社会的斗志。1920 年 8 月，她随毛泽东来到了长沙，之后毛泽建刻苦学习文化，积极参加革命活动，在 1923 年光荣地加入了中国共产党，并在 1925 年与共产党员陈芬结为了革命夫妻，之后分赴两地组织农民运动，在严酷的革命斗争中，毛泽建就像她常画在纸上的剑一样锋利无比，成了令敌人闻风丧胆的女游击队长。

县团防局长钟亚阶几次上山围剿，都被游击队打得狼狈而逃，

他从县里借来的正规军，决心实施更大规模的围剿，并发誓要活捉毛泽建。

一天晚上，敌人得到情报，毛泽建领导的游击队正在山上的松树林里煮饭吃。钟亚阶一听高兴极了，连忙带着兵力往山上爬去，果然见到松林里有一堆火，树上挂着一盏盏油灯，还隐隐约约有晃动的人影和锅碗瓢盆的碰撞声，敌连长忙令士兵卧倒，向火堆射击，打了好一阵，敌人的子弹快打光了，松林里的火光才全灭了。钟亚阶乐呵呵地跑进林丛里一看，顿时傻了眼：松林里一具尸体都没有！他这才发觉上当，掉转头朝山下猛跑。可为时已晚，埋伏好的游击队员从两侧冲上来，疯狂地向敌人射击，把敌人杀得片甲不留。

尽管革命斗争极其艰苦，毛泽建坚信革命在未来必将胜利，她曾对战友说："我给自己取了个名字叫毛日曦，她意味着我们中国共产党像初升的太阳，正在冉冉升起，但革命之路也是残酷而血腥的。"

1928 年夏，毛泽建和陈芬领导的游击队在耒阳夏塘铺一带与敌人遭遇，战斗激烈，终因寡不敌众，两人先后被捕。当时，毛泽建已怀胎数月，在冰冷的囚室里，她抚摸着肚子里的小生命，她像每一个妈妈那样，期待着孩子的降生，可她又害怕孩子的降生，就在这时传来噩耗，她的丈夫陈芬已经惨遭敌人杀害，敌人还丧心病狂地割下陈芬的头颅悬挂示众。听到这个消息后，毛泽建悲痛欲绝，她的丈夫还那么年轻，甚至还没来得及见将要出生的孩子一面，在失去亲人的悲痛中，井冈山派来的红军部队以迅雷不及掩耳之势，救出了毛泽建。

为了不拖累同志，保证部队安全转移，毛泽建坚决留了下来，隐藏在夏塘铺一位农民家里。初夏的一个深夜，毛泽建临盆分娩，生下了一名男婴。可还未待她仔细看清孩子的脸，孩子清脆的啼哭声惊动了正在搜查的挨户团，毛泽建再次被捕。

敌人对她威逼利诱，多次审讯，妄图从她身上捞取党和红军的重要机密。面对敌人的酷刑，毛泽建坚贞不屈，毫不动摇。当敌人审讯她的名字时，她镇定自若地回答："你不知我名字？那我告诉你，我叫中国共产党！"敌人恼羞成怒，下令对她抽鞭子、压杠子、拔指甲、灌辣水，甚至残忍至极地用铁丝穿透她的两个乳房。

毛泽建已是奄奄一息，这个刚成为妈妈的年轻女战士，多想在死前能看看自己的孩子。陈芬的姐姐得知后，赶紧抱着孩子送到狱中给她一见。毛泽建一见到孩子，亲个没完，又是哭，又是笑，血与泪混在一起，陈芬的姐姐见到此景，更是说不出一句话，失声痛哭。

毛泽建不知道的是她手里抱着的是姐姐含泪从老乡家借来的婴儿。她历尽艰难，九死一生诞生下的孩子早就因为没有奶吃夭折了。毛泽建被关押一年多后，于 1929 年 8 月 20 日被押往衡山城外行刑。

在狱中她写下遗志："……我将毙命，不足为奇。在达湘个人方面是很痛快的事了。人世间的苦情已受尽，不堪再增加，现在各处均在反共，这是我早就预料到了的。革命轻易的成功，千万不要做这样的奢望。但是，人民总归要做主人，共产主义事业终究要胜利。只要革命成功了，就是万死也无恨。到那天，我们还会在九泉之下开欢庆会的。"①

毛泽建不仅牺牲了自己的丈夫，还牺牲了自己，甚至牺牲了自己

① 黄亚楠:《毛泽建：湖湘菊骨傲秋霜》,《湘潮》2017 年第 009 期，第 54–57 页。

的孩子。她是无数革命先烈的一个缩影，他们舍小家为大家，抛头颅、洒热血、从容赴死。据 1945 年党的七大时的初步统计：北伐战争、土地革命战争及抗日战争时期，在战场上牺牲了 76 万多人，其中共产党员 32 万多人，占将近一半。

（三）信仰是美美的，因为它闪耀着光芒

习近平总书记曾指出："人民对美好生活的向往，就是我们的奋斗目标。"从共产党的成立到今天，久经磨难的中华民族实现了从站起来、富起来到强起来的伟大飞跃。中国正走向一个无比光明的未来，不管是无情的自然灾害，还是国际关系的紧张，都无法动摇这个凝聚了 14 亿人的可爱中国，因为共产党的信仰是美美的，它闪耀着光芒。

1949 年新中国的成立使祖国母亲彻底摆脱了被压迫的境地，中国这头东方睡狮开始觉醒，但却步履维艰，直到 1978 年，十一届三中全会作出改革开放的新决策，从此中华大地再次焕发了活力，中华民族终于踏上了民族复兴的伟大征程！

40 多年的征程，中华民族以崭新的姿态重新屹立于世界民族之林；40 多年的沧桑巨变，40 多年的光辉历程，铸就了一个民族近百年的梦想！

改革开放的 40 多年，是经济迅速蓬勃发展的 40 多年！如今，我国经济发展平衡性、协调性、可持续性明显增强，国内生产总值突破百万亿元大关，人均国内生产总值超过一万美元，国家经济实力、科技实力、综合国力跃上新台阶，我国经济迈上更高质量、更有效率、更加公平、更可持续、更为安全的发展之路。

改革开放的40多年，是科技教育稳步发展的40多年！科教兴国的战略方针为祖国培养了大批科技人才，科研机构面向市场、自我发展的能力越来越强，为经济建设解决了大量关键性技术难题。科技方面取得了一系列重要科研成果，墨子“传信”、神舟飞天、高铁奔驰、“天眼”探空、北斗组网、超算“发威”……中国正在越来越多的科技领域走进了世界前列甚至世界第一，无数外国网友感叹：“中国人干成了太多我们想干都干不成的大事！”

改革开放的40多年，是国际地位不断提高的40多年！40多年来的快速发展中，我国的国际地位也日益提高，中国在世界舞台中扮演的角色也越来越亮眼。从奥运会到世博会，再到冬奥会的承办，从G20峰会到金砖国家领导人会晤，再到上合青岛峰会，中国越来越多地承接各类国际盛典，世界的目光一次又一次被中国风采所吸引。

改革开放的40多年，是人民生活水平不断提高的40多年！随着改革的红利不断释放，村村通、养老制度、医保制度、扶贫制度等大量民生工程不断推进，我们每个中国人都切实感受到了改革开放带来的好处。40多年来，中国人民的生活质量有了质的飞跃，从那个吃了上顿没下顿的年代到了现在电灯电话、汽车家电都已进入寻常百姓家，人民的生活追求早已不仅限于吃饱穿暖，而是开始追求有品质、有品位的生活……

当前，中国特色社会主义进入新时代，习近平总书记在党的二十大报告中指出：“全面建成社会主义现代化强国，总的战略安排是分两步走：从2020年到2035年基本实现社会主义现代化；从2035年到本世纪中叶把我国建成富强民主文明和谐美丽的社会主义现代化强国。未来五年是全面建设社会主义现代化国家开局起步的关键时期。”

我们坚信，在以习近平同志为核心的党中央带领下，中国会更加美好！更多人会看到幸福正在海平面慢慢升起……

二、幸福需要责任

同志们，最初我们会觉得，得到就是幸福，吃喝玩乐各种享受，但是经历世事沧桑，最终我们发现，各种享受后仍然会感到阵阵空虚。而最有生命力的，便是付出和给予，我们会感到莫名的幸福。在家庭里面，对孩子的付出总比收获多很多很多，但是从没有去计较过，反而随着时间的推移，回味起来更是满满的幸福感，原来付出得多，收获得少是一种责任，责任也是一种幸福。

人生不易，最终懂得：生命不仅仅只属于自己一个人，还有着责任和担当。哭过笑过，都是生命的一种丰盈。责任也往往体现高尚职业精神与职业道德，对一个忠于人民事业的共产党人来说，责任绝不是负担，而是一种幸福。马克思曾以他那博大的胸怀这样表述：“如果我们选择了最能为人类福利而劳动的职业，那么，重担就不能把我们压倒，因为这是为大家而献身。那时，我们所感到的就不是可怜的、有限的、自私的乐趣，我们的幸福将属于千百万人民……”这正是共产党人的责任感。

（一）责任是规规矩矩，因为它是一种自律的心态

柳直荀是毛泽东早年的至交好友，杨开慧把自己非常要好的同学

李淑一介绍给了柳直荀，后来两人结婚。新中国成立初期，为了照顾柳直荀遗孀李淑一的生活，有人请毛泽东推荐李淑一任北京文史馆馆员。毛泽东写信回复道："文史馆资格颇严，我荐了几个人，没有录取，未便再荐。拟以我的稿费若干为助，解决这个问题。"在毛泽东看来，由于文史馆用人的资格条件十分严格，自己推荐的人都不符合条件，为了遵守相关规定，就不再推荐人了，而是用自己的稿费来帮助有困难的人。

在有些人看来，毛泽东为家人或者朋友安排点工作，是轻而易举地，而且是"理所当然"的，但是在毛泽东看来，身为国家领导干部，肩上有着沉甸甸的责任，更应该严格遵守党的规矩和纪律，按照法律法规和相关制度办事，绝对不能有例外，更不能为了私利而破坏制度。

毛泽东逝世后，除了几套日常所穿的衣服外，他没有存款，更没有金银珠宝。清理遗物时，在主席的仓库里，工作人员发现大量的旧东西，都是缝缝补补的，里面最好的物品竟然是他当年出访苏联时穿的大衣和帽子。这足以见毛泽东时刻注重保持共产党员的先进本色，立党为公、执政为民、严格自律。

确实，一个有责任感的人，就会对自己进行立法并遵守。责任、权力和自由之间是可逆的因果关系，自由以责任为"边界"，责任以自由为"外延"。享有自由，就意味着负有责任；履行责任，才会享受更充分地自由。

"水能载舟，亦能覆舟"的古训，可是经验的总结。得意忘形的结果，会使得小到一个家庭不给你一丁点儿的责任，大到一个社会不给你和权力同行的责任。而两种责任的获得获失之间，则源于自律自敛的心态，源于时常告诫自己要知道天之高低、地之薄厚、水之深浅。

社会运作的基本规则是公平的，它赋予每个人的责任不论大小，都有着对应的条件。

领导干部一旦掌握权力，各种诱惑、算计就会冲着你来，各种讨好、捧杀就会对着你去，稍微放松就可能触及底线、逾越红线。不能自律的人，迟早是要栽跟头的，回顾近年来落马的那些腐败官员，究其根本原因还是栽在自律意识的欠缺上。

心中有责，胸有大志的人，往往也是一个很自律的人。1945 年，重庆谈判中，蒋介石曾对幕僚陈布雷说："毛泽东此人不可轻视。他嗜烟如命，手执一缕，绵绵不断，据说每天要抽一听（50 支装）。但他知道我不吸烟后，在同我谈话期间竟绝不抽一支烟。对他的决心和精神不可小视啊！"

强烈的自律意识来源于对党的事业的高度责任感，党员干部强烈的自律意识是推动党的事业发展永不衰竭的动力，是促使自己永葆共产党员本色，思想与行动时刻与党中央保持一致，确保自己不掉队、不走偏、不迷失、不盲动的根本保障。

（二）责任是心心念念，因为它是一种感恩的良知

在山东沂南县马牧池乡东辛庄村有一位女人，她被誉为"沂蒙母亲"，她叫王换于，抗日战争时期，她成立战时托儿所，带着儿媳和家人，挑起了抚养和照顾八路军子女的重担。王换于省出自家的口粮，倾尽所有来照料孩子，最终战时托儿所的孩子全部健康成长，而自己的 4 个孙子却先后夭折。正是得益于一个个像王换于这样爱党拥军的人民群众，我们党才能取得中国革命最后的胜利。

人民恩情是重于山，当我们在行使权力时，就应该感恩使自己获

得权力的人民。这种感恩，就是良知未泯的体现；这种感恩，就是促使我们将目标定得更为高远；这种感恩，就是平凡中凸现的不平凡。

习近平在会见“沂蒙母亲”王换于孙女于爱梅等模范人物时表示，这次来沂蒙就是看望老区人民，重温沂蒙精神。革命胜利来之不易，主要是党和人民水乳交融，党把人民利益放在第一位，为人民谋解放，人民跟党走，无私奉献，可歌可泣啊！沂蒙精神要大力弘扬。

可以说，一部波澜壮阔的中国共产党奋斗史，就是千千万万共产党人以人民幸福安康为念，同全体人民一道顽强拼搏、竭力奋斗，用全部心血、奉献和牺牲诠释共产党人责任担当的历史。

在我国社会主义建设的新时期，广大共产党员虽不用奔赴沙场为国捐躯，但是，在“和平、发展”两大世界主题下，仍存在着很多艰难险阻，需要广大党员团结带领人民取得胜利。事实证明，在中华民族面临急难险重的危难时，在人民生死一线的紧要关头，“为人民服务”这掷地有声的誓言常常能在人民的耳边回响，中国共产党人没有违背誓言、没有淡忘责任，他们始终把人民的利益放在了首位。

这一时期也涌现出了一大批优秀共产党员的代表，比如一生都在为民服务的焦裕禄、全心全意为老百姓谋利益的廖俊波、诠释组工干部安专迷精神的涂红刚、秉持科技报国理想的黄大年、“狮子型”干部的杨汉军等等，他们是无数优秀共产党员的缩影。他们在自己的工作岗位上只讲奉献，不求回报。他们心心念念着人民群众，全心全意为老百姓谋利益。他们是这个时代的骄傲，是时代的脊梁。

孔繁森曾经说过，“一个共产党员爱的最高境界是爱人民”。对领导干部来说，心怀万家忧乐、挂念群众安危冷暖，真心实意地为百姓做事，这是为政之责，到田间地头倾听人民呼声，去民众百姓中体验民间疾苦，从而凝聚智慧与力量，为群众创造人世间的幸福，是党和人民赋予我们的职责。

肩负起对人民的责任，就不该忘记人民群众的养育之恩，就应当感恩人民，尊敬人民，服务人民。就应该把各族人民视为自己的衣食父母而敬畏有加。正如邓小平所说的那样："我是中国人民的儿子，我深深地爱着我的祖国和人民。"

（三）责任是兢兢业业，因为它是一种神圣的使命

在红军初创时期，一名刚刚参军的青年问胡耀邦："参加共产党有什么好处？"胡耀邦答道："让我看，参加共产党有 99 条'坏处'，要吃苦在前，享受在后；要冲锋在前，退却在后；可能被杀头，还会坐牢；危险的工作要抢着干；如果军装不够，让给别人穿；饭少人多，要让群众先吃，自己饿肚子……要说好处，我看只有 1 条，全心全意为人民服务，人民拥护你。"这些所谓"坏处"实际就是共产党员的责任。中国共产党人的初心和使命就是为中国人民谋幸福，为中华民族谋复兴。

回顾党的光辉历程，我党之所以能战胜各种艰难困苦，不断发展壮大，根本原因就是全党同志时刻牢记全心全意为人民服务的根本宗旨，自觉履行共产党员的神圣职责，对党和人民的事业充满高度负责的事业心和责任感，以兢兢业业、无私奉献的模范行为，赢得了全国各族人民的信任与尊敬。

1949 年 3 月 23 日，西柏坡上的毛泽东说："今天是进京赶考的日子，进京赶考去。""进京"，意味着中国革命取得了胜利，中国共产党从此成了执政党；"赶考"，意味着中国共产党人保持着清醒

的意识，包含着强烈的使命感。

对于毛泽东来说，中国共产党人的“赶考”不是为了做官，而是要担当“治国”“平天下”的使命，不仅是为了强化“工人阶级领导的人民共和国的国家政权”，更是为了要完成“中国经济复兴”、在中国“建立独立的完整的工业体系”、使“中国人民不但可以不要向帝国主义者讨乞也能活下去，而且还将活得比帝国主义国家要好些”等一系列艰巨任务。

大凡肩扛“责任”二字者，必为“权力”的使用者和拥有者，尤其是为官从政者。没有无责任的权力，也没有无权力的责任。一个人的权力，往往是他的责任；一个人的责任，往往是他的权力。

1939 年，毛泽东同志就曾尖锐地批评过那些缺乏责任意识的党员干部，“不少的人对工作不负责任，拈轻怕重，把重担子推给人家，自己挑轻的。一事当前，先替自己打算，然后再替别人打算。出了一点力就觉得了不起，喜欢自吹，生怕人家不知道。对同志对人民不是满腔热忱，而是冷冷清清，漠不关心，麻木不仁。这种人其实不是共产党员，至少不能算一个纯粹的共产党员。”

任何职位都无所谓尊卑贵贱，尽责就是对自己负责。惟有负责的生命才是真正有救的生命。一个人，责任感越大，成就就越大。责任心强的人，不管做什么，都不会被埋没。如果没有责任心，本职工作都做不好，即使担负更高的职位，只能像镀上金的粪土，仍然一文不值。

一个职务就是一份责任，一个岗位就是一副重担。党员干部要在自己的岗位上兢兢业业，在平凡的岗位上干出不平凡的业绩。全力维护好群众的切身利益，真心实意为群众做好服务，为实现中华民族伟大复兴的中国梦作出积极的贡献。

三、幸福需要勤奋

同志们，俗话说“一勤天下无难事”。成功的人不一定是最聪明的人，但他一定是一个勤奋的人。一个人勤奋，善于做好准备工作，每当时机来临，自己便会受益。反之，一些懒惰的人，什么准备工作都不做，只知道投机取巧，机会和运气来临的时候，他们只能任其溜走，反而自怨自艾，怨自己运气不好。现在是一个英雄辈出的时代，面对日趋激烈地竞争，要想在人群中脱颖而出，就要求你必须付出比以往任何时代更多的勤奋和努力。

习近平提出好干部 20 字标准，勤政务实就是其中一条。作为党员干部，干事更应坚持以勤为先，以自己的辛苦指数换来人民群众的幸福指数。

（一）勤奋是走走停停，因为它需要豁达的胸怀

很喜欢这样一句话：人在这个世界，有两件事我们不能不做：一是赶路；二是停下来看看自己是否拥有一份好心态。人生确实需要很勤奋的赶路，但勤奋并不是简简单单的只有赶路，当崎岖和坎坷、暴风和骤雨来临之时，更需要我们保持前进的动力，学会暂时的等待，这种等待并不是观望，而是一种豁达的胸怀。

1927 年秋收起义失利后，毛泽东从敌强我弱的客观形势出发，果断决定停止攻打长沙的计划，带着队伍转入敌人统治力量薄弱的农村，开辟了井冈山革命根据地。然而，这一符合实际的决策却遭到中央的批评、指责，他们认为毛泽东“行动太右，烧杀太少”，是“右倾逃跑”“枪杆子主义”，随即毛泽东被撤销政治局候补委员和湖南

省委委员的职务。当时还误传毛泽东“被开除党籍”，使他一度成为“党外人士”。[①]

1956年，毛泽东在党的八大预备会议上，曾回忆他在革命生涯中遭受的多次挫折：“三次‘左’倾路线时期给我的各种处分、打击，包括‘开除党籍’、开除政治局候补委员，赶出红军等，有多少次呢？记得起来的有二十次。”面对这样一些挫折，毛泽东首先考虑的不是个人得失，而是着眼于革命事业的大局，宁可委屈个人，也要遵守组织纪律。他在1929年说：“我们还要在井冈山干下去。”

人生就像是一个盛大的表盘，每个人都有自己的人生时机。有些难过、失落和沮丧，不过是因为时机未到，生命就是要始终保持积极的心态去等待正确的行动时机。

1935年1月，毛泽东终于等到了。长征途中遵义会议的召开让毛泽东进入了核心领导层。随后，又掌握了中央红军的最高指挥权。由此，中国革命转危为安，毛泽东在党和红军中的领导地位逐步确立。

我们的党是世界上最大的党，承载着亿万人民的期盼，我们须负重而前行，去书写新的辉煌。然而，现实中有这样一些同志，在工作中虽能扎实肯干，但受不了挫折。在职位安排上稍不如意，或在工作分配上略不合心，或在职级待遇上稍感丝毫不公，或在批评谈话中偶不顺耳，或在取得成绩后没有得到应有认可，就开始满腹怨气，消极怠工，情绪低落，甚至抱怨组织、为难领导，非要为自己“讨个说法”，让组织和领导非常难堪。

---

① 王文珍：《毛泽东的君子情怀》，人民网，http://dangshi.people.com.cn/gb/n1/2017/1226/c85037-29728992.html.

每个人的生命里都会下雨，每个人的生命中总会有阴雨天。挫折和困难从来都不会只属于某个时代或者某个时期，只属于某些群体或者某个个体。当乌云把太阳遮挡，黑暗取代光明，我们不需要慌张，路还很漫长，我们只需要让自己茫然的心停下来，保持积极的心态静静等待，太阳总会出现，光明总会到来。

姜子牙 80 岁挂帅，司马懿 60 多岁才受到重用，刘备 40 多岁才有了自己的队伍，被拒绝了 12 次之后 J.K. 罗琳才出版了第一部《哈利·波特》……

党员干部要珍惜挫折，因为挫折是宝贵财富。就像温暖的春天不能哺育出梅花的孤傲一样，党员干部不经历挫折的历练如何成就坚毅的品质、顽强的性格，如何能够泰山崩于前而色不变，麋鹿兴于左而目不瞬。没有经历过任何挫折的人生绝不是完美的人生，因为没有品尝过挫折的痛苦，就难以体会到成功的喜悦，温室的花朵永远经受不了野外的暴风雪，只有高高挺立的松柏才能四季常青。正如英国哲学家科林斯说："不经历挫折，成功也只能是暂时的表象，只有历经挫折的磨难，成功才能像纯金一样发出光来。"

当然，不是所有付出都能得到回报，也不是所有梦想都能照进现实！每个人都有每个人存在的价值，很多时候选择比坚持更加重要，当眼下这条路实在走不通了，那也停停吧！用心去思考思考，或许换一条路，会得到不一样的精彩人生。

（二）勤奋是学学看看，因为它需要知识的储备

聚力第二个百年的伟大奋斗目标，实现中华民族伟大复兴的中国梦，要求广大党员干部必须树立全时学习、全面学习、全力学习的思

想观念，把学习变成一种生活习惯，不断强化个人能力素质，不断提高自身修养，在复杂环境下谋划改革创新，为建设富强民主文明和谐美丽的社会主义现代化国家当好参谋助手。

那怎么学习呢？基层是最好的课堂，群众是最好的老师。1927年10月下旬，毛泽东率领秋收起义部队余部上了井冈山。那里位于罗霄山脉中段，山高林密，地势险要。初到井冈山，工农革命军只有数百人，毛泽东率领部队先打了一个小胜仗，接着就打了两个大败仗，部队最少时仅剩下几十个人。

毛泽东处处留意学习同敌人打仗的方法。经过深入群众和艰苦的战场考察，他了解到从前井冈山有个叫朱孔阳的人，在井冈山当了几十年“山大王”，官府一直捉不住他，他的办法就是利用井冈山的险要地形，跟官府的军队满山打转。朱孔阳认为，在井冈山不需要会打仗，只要会打圈就行，打得赢就打，打不赢就跑，跑不赢就钻，钻不赢就化（化装成老百姓）。[①]

这件事给了毛泽东很大的启发，毛泽东将“打圈子”的战术进一步深化，形成了红军游击战术十六字诀：“敌进我退，敌驻我扰，敌疲我打，敌退我追。”连续粉碎了国民党军的4次围剿。

“知屋漏者在宇下，知政失者在草野。”广大群众生活在基层，接触最广、感受最深、了解最多，自然最有发言权。实践也证明，在广大民众中，蕴藏着取之不尽、用之不竭的智慧宝藏。毛泽东说过，读书，不但要善于读死的书本，而且还要善于读“活”的书本；不但

---

① 李新市：《毛泽东前期军事生涯的几处妙笔》，人民网，http://dangshi.people.com.cn/n1/2016/0905/c85037-28691849.html.

要会读有字之书，而且要会读“无字之书”。

这“活”的书本、“无字之书”，便是人民群众。毛泽东在求学阶段，就十分注重走向社会，进行社会考察、调查，到群众中去学习。

在基层，有时听到一些在一线工作的同志抱怨：“乡村振兴工作中，我们政府做了很多好事，有些群众就是不领情、不买账！”言语中显得有些无可奈何。究其原因，这其中不乏少数党员干部自命清高，自以为“喝的墨水多”，比群众高明，在决策办事时脱离群众，没有把群众当老师，个人主观臆断、闭门造车“拍脑袋”。

确实，现在的党员干部普遍学历比较高、文化基础很好、理论功底扎实，但是到了基层工作中，即便你学历再高、文化再好、理论再强，也不见得行。

这并不是说，基层工作排斥知识，而是说，无论什么知识，到了基层都需要接地气、接人气。最基本的要求，就是入乡随俗，会说土话、懂人情世故，才能赢得群众的尊重与支持。这是开展工作的基础，如果跟群众搭不上话，怎么用自己的知识和能力为群众办事？

“宰相必起于州郡，猛将必发于卒伍”。我们党员干部只有把根扎进基层沃土，拜人民群众为师，才能涵养德才兼备的底气，才能积蓄后劲，增强担当大任的实力。

（三）勤奋是想想算算，因为它需要精准的行动

李大钊翻译《资本论》说：“资本来到人世间，从头到脚，每个毛孔都滴着血和肮脏的东西。”百姓听不懂，失败了！

陈独秀翻译《共产党宣言》说：“无产阶级在革命中失去的只有枷锁，得到的是整个世界。”百姓还是听不懂，也失败了！

毛泽东说："打土豪，分田地。"赢了！

他们的终极目标都是实现共产主义，李大钊和陈独秀都是党的创始人，他们为了共产党的成立呕心沥血，但最终都不是很成功，原因就是他们没有想想算算当时的人民群众迫切需要什么？有没有把握主要矛盾？

毛泽东非常强调，不论解决任何问题，都应用全力找出该问题的主要矛盾，一旦抓住这个主要矛盾，一切问题就会迎刃而解。

在日常工作中，毛泽东也总是要分清事情的主次和轻重缓急，区别对待。他曾举黄河急流中有经验的船夫为例说：如果船夫时时处处都很紧张，弄得很疲劳，真遇到紧要的时候反而会使不上力了。他主张，一个时期总要有个重点。

1953 年 4 月 26 日，他在致李烛尘的信中写道："工作虽多，可以安排一下，一段时间内只处理一个主要问题，这样也就会不觉得太忙了。"①

现在的领导干部都很忙，可谓"两眼一睁，忙到熄灯"。领导干部固然要勤政敬业，但其中不乏少数领导干部在日常事务中，眉毛胡子一把抓，大事小事都要管，看上去很忙，但成效不显。

之所以忙而无功，最主要的原因就是工作不善抓重点。突出重点抓工作是领导干部的重要成事之道。领导干部要从容面对纷繁复杂的各项工作，切实提高工作成效，集中力量抓好事关全局的大事，就应当善抓重点。

---

① 金冲及：《毛泽东工作方法的几个特点》，人民网，http://theory.people.com.cn/n/2013/1227/c40531-23954175-2.html.

所谓重点，就是重要之事情、中心之工作、突出之问题、关键之方面，是全局工作中的制高点、突破口。只有抓住重点，工作才算抓到点子上，才能突破难点，带动其他工作实现新突破，创造新成绩；才能够有效地解决事关全局的一系列重大问题，不断把各项事业推向前进。说了这么多，我们如何能抓住重点呢？

首先是有心去找准重点。中国特色社会主义进入新时代，我国社会主要矛盾已经转化为人民日益增长的美好生活需要和不平衡不充分的发展之间的矛盾。每个时代都有每个时代的主要矛盾，这个主要矛盾就是工作重点，找准这个工作重点，才能让党的路线方针政策接地气、真管用、利长远。各个时期、各个地区、各行各业也都有自己的工作重点。领导干部要懂得深入调查研究，找出当前的工作的主要矛盾，把主要精力放在抓重点工作上，这样才能取得事半功倍的效果。

其次是有序去安排重点。毛泽东到农村去设“大本营”，建立革命根据地，走农村包围城市的路线，由此，有中国特色的革命道路得以确立，最终解放全中国。领导干部在抓工作时，应根据轻重缓急依次排队，有先有后，有重有轻，有急有缓，不颠倒工作主次。要掌握“弹钢琴”的艺术，合理安排工作主次，善于处理中心工作和其他工作的平衡协调，使之产生有节奏、有规律地运转。

其三是有效去分配重点。朝鲜战争爆发后，彭德怀出任中国人民志愿军司令员兼政委，率部赴朝作战。毛泽东代表中央向彭德怀发去了大量的关于作战部署的电报，但这些电报指示的结尾通常都是“按情况酌定”“酌定”这样的语句，给了彭德怀极大的自主处置权。领导干部要想实行有效领导，就必须掌握“灵活授权”的艺术。

要激发干部队伍活力,就要懂得充分授权。领导干部要充分相信下属,从繁忙的事务圈子中“超脱”出来,自己集中精力管大事。对他们的工作除了进行必要的指导和检查以外,不越俎代庖,不随意干涉,进一步激发下属的自尊心和责任感,从而产生一种向心力,和谐一致地行动。

新时代的浪潮,梦在心中,路在脚下,生命不息,奋斗不止。为了幸福生活,不忘初心,牢记使命,与诸君共同砥砺前行,撸起袖子继续加油干吧。

6 大就要有大的样子

“大”这个字一横一撇一捺，很简单，从甲骨文到小篆，“大”字都像人形。许慎《说文解字》说：“天大地大人亦大，故大像人形”。许慎认为天阔地厚，无法描述，于是就想到以人之形映衬天地之大。大这个字就像一个正面站立的人，双手伸展，两腿分立，顶天立地，站立世间。而人并非皆为大。于家，古训有言：“长兄如父，长嫂如母”，说的是家里的老大要承担起养育、照顾弟妹的责任；于国，孟子告诫世人：“达则兼济天下”，说的是人在显贵时，要有造福天下的大抱负、大担当；于党，中国共产党是世界上最大的政党，大就要有大的样子，一百多年来中国共产党展现出的大团队、大理想、大情怀、大气魄、大境界、大胸襟、大格局，支撑起了世界上最大的政党“大的样子”。

一、世界上规模最大团队

百年大党“大的样子”，大就大在共产党的团队力量强大。改革开放40多年来，中国出现了一大批很牛的创业团队，在地产行业中有万科、保利、碧桂园等；在互联网行业中有淘宝、腾讯、京东等；在手机业行业中有小米、OPPO、vivo等，但有一个创业团队是古往今来任何一个团队都无法超越的，那就是中国共产党，它是史上最牛的创业团队。

这个创业团队第一次“创业大会”是在1921年召开，当时没有办公室、没有营业执照。会议途中，还受同行业垄断对手不断地干扰，这个干扰远比企业之间的恶性竞争要厉害得多，如果被发现，不仅面临着破产，还会被同行业垄断对手送进牢房。

这么危险的一次会议，有哪些人参加呢？当时参加会议的有13名代表，他们分别是上海的李达、李汉俊，北京的张国焘、刘仁静，长沙的毛泽东、何叔衡，武汉的董必武、陈潭秋，济南的王尽美、邓恩铭，广州的陈公博，旅日的周佛海，陈独秀指派的代表包惠僧。他们代表着全国50多名创业团队成员。这个创业团队的创始人李大钊、陈独秀因各在北京和广州工作，脱不开身，而没有出席大会。

13名代表的平均年龄仅28岁，恰好是毛泽东当时的年龄。会议刚开始在兴业路76号李汉俊、李书城兄弟的住宅内召开，消息很快被暴露，于是被迫转移至嘉兴红船上。

在同行业垄断对手的各种打击下，历经数次破产危机，终于在遵义选出“天才CEO”——毛泽东，成功进行了股改，将陈独秀、张国泰、博古、王明等股权收购并重新分配，收编了井冈山、鄂、豫、皖、陕、甘、宁等地零散团体。

到了第 7 次“创业大会”时，就逐步确立了由毛泽东、周恩来、刘少奇、朱德、任弼时担任的“董事会成员”。毛泽东主持全面工作。

公司宗旨是“为人民服务”，营销策略是走“农村包围城市”的道路，公司管理制度是“三大纪律八项注意”，广告宣传语是“打土豪分田地”。

这是一支什么样的团队呢？20 世纪 30 年代，美国记者埃德加·斯诺第一次在延安见到这支团队时，他这样为他们进行了“画像”——“这些千千万万青年人的经久不衰的热情，始终如一的希望，令人惊诧的革命乐观情绪，像一把火焰，贯穿着这一切，他们无论在人力面前，或者在大自然面前，上帝面前，死亡面前，都绝不承认失败。”

面对各种致命地打击，他们以自己的生命为代价坚持最初的创业梦想，几经波折，起死回生，历经 28 年的艰辛创业，一举兼并收购西方和国内强有力的竞争对手资产，于 1949 年 10 月 1 日在北京宣布上市。

如今，这个创业团队已经开了 20 次“创业大会”，走过了 100 多个春秋，当我们走在茫茫人海之中，平均 15 个人左右就有一个人是我们的团队成员，我们的成员有近 1 亿，相当于一个中型国家的总人口，是世界上最大的团队，事业规模突破百万亿元，居全球第二，未来还有望成为全球第一。

中国共产党当之无愧是史上最牛创业团队！成立 100 多年来，带领亿万人民走过 40 多年改革开放宏伟征程，推动中国特色社会主义进入新时代，让一个曾经面临“被开除球籍”危险的国家走近世界舞台中央，让一个饱经磨难的民族接近伟大复兴梦想……

二、实现共产主义的大理想

百年大党“大的样子”，大就大在共产党的远大理想是实现共产主义。19 世纪的法国思想家托克维尔曾明确指出：“一个社会要是没有这样的信仰，就不会欣欣向荣；甚至可以说，一个没有共同信仰的社会，就根本无法存在。”因此，共同的政治信仰是支撑一个政党、一个社会、一个国家、一个民族生存和发展的强大精神力量。

毛泽东曾生动地说：“主义譬如一面旗子，旗子立起来了，大家才有所指望，才知所趋赴。”中国共产党第一次代表大会上通过的《中国共产党第一个纲领》，即明确提出了把实现共产主义作为党的最高理想和最终目标。

马克思主义认为，共产主义社会是以高度发达的社会生产力为基础的，这个社会是物质极大丰富、人民精神境界极大提高、人能够实现自由而全面地发展，消除私有制、消除三大差别，实行各尽所能、按需分配原则，是历史上真正实现解放全人类的社会形态。共产主义理想一经提出，就成为无产阶级政党为之奋斗的信念。

从国内来看，社会主义市场经济的发展使马克思主义的重要性日益凸显；从国际上看，国际金融危机的爆发表明，马克思主义仍然是我们认识和改造世界的强大思想武器；人的解放、人的自由全面发展这一马克思主义的主题今天依然需要坚持；马克思主义解决的三大基本问题，即人与物的关系、人与人的关系、人与自身的关系，今天对我们仍具有启发意义；唯物史观的过程分析和结构分析是我们研究现实问题的一个重要分析框架。人类社会发展史充分证明，共产主义的社会制度和思想体系，具有不可比拟的进步性、革命性、合理性，因而成为人类社会历史发展的必然方向和必然趋势。

陈赓将军是黄埔一期学员，是蒋介石的得意门生、心腹爱将和救命恩人，为何他会放弃荣华富贵和锦绣前程与集党、政、军领袖于一身的蒋介石彻底决裂？答案就是陈赓将军觉得蒋介石的信仰不是真理的信仰！理由多么简单，标准又多么严苛！“心有所信，才能行远。”只有真看齐真追随，才能立根固本达到新高度。

战争年代，山东鲁北的刘集村，为保存好一本珍贵的我国首版《共产党宣言》，支部委员刘考文在被捕前把它交给党员刘世厚，并叮嘱：“这本书务必保存好，它比我们的生命都重要。”1945 年 1 月，敌人纵火烧村，刘世厚冒死从火海中抢出这本《共产党宣言》。

《共产党宣言》为啥如此珍贵？这是因为上述的人们心怀虔诚地敬畏信仰。信仰是心中的一团火，是夜路中的那盏灯，人们因其温暖和光明而生敬畏，所以甘愿用自己的心血乃至生命去呵护它。

习近平总书记深刻指出：“信仰、信念、信心，任何时候都至关重要。小到一个人、一个集体，大到一个政党、一个民族、一个国家，只要有信仰、信念、信心，就会愈挫愈奋、愈战愈勇，否则就会不战自败、不打自垮。”

三、为人民服务的大情怀

百年大党“大的样子”，大就大在共产党的全心全意为民服务的情怀。南昌起义失败后，贺龙回到家乡，叔叔埋怨他说：“你过去在国民党部队当军长，脱下皮靴穿草鞋，天天提心吊胆，你亏不亏？到底图什么？”贺龙坦然地说：“只要革命能成功，人民过上好日子，我个人吃点亏算什么！”贺龙的这句话，道出了党的根本宗旨就是全心全意为人民服务。

《共产党宣言》宣告：“过去的一切运动都是少数人的或者为少数人谋利益的运动。无产阶级的运动是绝大多数人的、为绝大多数人谋利益的独立的运动。”1944 年 9 月 8 日，中央警卫团在延安为在执行烧炭任务中牺牲的战士张思德举行追悼会，毛泽东同志出席并就此发表了《为人民服务》的著名演讲，这篇演讲的发表标志着党内正式提出了为人民服务的思想。随后，党的七大将“全心全意为人民服务”写入了新修订的党章之中，并明确规定中国共产党人必须具有全心全意为中国人民服务的精神。

党的历史是一部始终为人民谋幸福的历史。共产党成立之前，中国社会满目疮痍，民不聊生，洪秀全的太平梦想，李鸿章的改良梦想，康有为的维新梦想，孙中山的共和梦想，都未能救民众于水火。共产党成立之后经过 28 年浴血斗争，成立了中华人民共和国。不论是在土地革命战争、抗日战争、解放战争时期，还是在社会主义革命和建设时期，中国共产党紧紧依靠人民，始终坚持一切为了人民，一切依靠人民，才取得一个又一个胜利，才为实现民族复兴和人民幸福奠定了制度基础和物质基础。

新中国成立以来，焦裕禄为改变兰考面貌，“生也沙丘，死也沙丘，父老生死系”；谷文昌带领东山干部群众，苦战风沙十余载，把人间荒岛变成了海上绿洲；杨善洲退休之后，放着清福不享，带领当地群众历尽艰辛义务植树 20 多年，将“绿色银行”无偿献给国家……他们以实际行动，深刻体现着我们党人民至上、执政为民的价值信守，贯穿着浓厚的百姓情怀百姓心。

进入新时代，习近平总书记进一步提出“以人民为中心的发展思想”，为新发展理念体系的理论建构和实践转化提供了价值基础。2020年，新冠肺炎疫情来势凶猛，使亿万人民笼罩在毒云密布的苍穹之下。危难关头，中国共产党义无反顾地承担起带领人民战疫抗疫的万钧重担。在党中央坚强领导下，抗击新冠肺炎疫情取得重大战略成果。2021年2月25日，习近平庄严宣告：“经过全党全国各族人民共同努力，在迎来中国共产党成立一百周年的重要时刻，我国脱贫攻坚战取得了全面胜利，现行标准下9899万农村贫困人口全部脱贫，832个贫困县全部摘帽，12.8万个贫困村全部出列，区域性整体贫困得到解决，完成了消除绝对贫困的艰巨任务，创造了又一个彪炳史册的人间奇迹！”这些重大成就充分彰显了中国共产党坚持以人民为中心的根本政治立场，人民群众更加坚定地拥护和支持中国共产党。

党的百年历史表明，我们党之所以从弱小走向强大，并不断夺取革命、建设和改革的成功，一个重要原因就是始终保持与人民群众的血肉联系，始终秉持“人民就是江山，江山就是人民”的执政理念。

四、大无畏的牺牲精神

百年大党“大的样子”，大就大在共产党大无畏的牺牲精神。一部中国共产党党史，就是一部牺牲小我成大我的担当史。共产党人从来没有自己的特殊利益，共产党人从来都有一副知重负重的铁肩膀。

在艰辛的探索实践中，中国共产党团结带领中国人民找到了一条农村包围城市、武装夺取政权的正确革命道路，进行了28年浴血奋战，打败日本帝国主义，推翻了国民党反动统治，完成了新民主主义革命，建立了中华人民共和国。在这个过程中，党带领人民流血牺牲，历经千难万险。可以说，红色政权来之不易，新中国来之不易。它是红色的，是由无数革命先烈用生命和鲜血换来的。

习近平总书记曾多次提到在湘江战役中“断肠明志”的陈树湘烈士。湘江战役是红军长征中规模最大、战斗最激烈、损失最惨重的一战。此战之后，中央红军从出发时的 8.6 万多人锐减为 3 万多人。陈树湘是红 34 师师长，他率领全师 6000 余名将士与数十倍于己之敌鏖战 4 天 4 夜，掩护中央红军主力渡过湘江后被敌人截断，红 34 师几乎全部牺牲。陈树湘身负重伤，不幸被俘，他强忍剧痛用手撕开腹部的伤口，绞断肠子，壮烈牺牲。[①]

从 1934 年 10 月 10 日长征开始，到 1936 年 10 月 22 日长征结束，各路红军在长征中的总行程达 6.5 万里，其中中央红军就历时 368 天。大渡河畔，红军顶风冒雨昼夜兼程 240 里；泸定桥上，22 位勇士冒着枪林弹雨匍匐前进；海拔 4000 多米被称为“鸟儿飞不过、凡人不可攀”的夹金山上，红军将士迎着冰雹和风雪留下了脚印。红军凭借常人难以想象的毅力、用顽强的意志挑战人类生存极限，成功摆脱敌人的围追堵截，还有错误路线的误导和分裂主义的困扰。出发时 30 余万人的队伍，到最后长征结束留下来的只有 5.7 万人。如果没有当年在长征途中的牺牲，就不会有如今的中国共产党。

有一首绝命诗大家广为知晓：“砍头不要紧，只要主义真。杀了夏明翰，还有后来人！”这首诗背后的故事，更加感人。

---

① 求是网评论员：《为有牺牲多壮志》，求是网，http://www.qstheory.cn/wp/2021-05/20/c_1127470050.htm.

1928年初，中共湖北省委常委夏明翰被捕。敌人劝降，向夏明翰保证，只要他放弃信仰共产主义，就一定不会亏待他。夏明翰严词拒绝："我可以牺牲我的生命，但决不放弃我的信仰！"刑堂上，反动法官问夏明翰："多少岁？""我是共产党，共产党万岁！""籍贯？""革命者四海为家，我们的籍贯是全世界！"刑场上，夏明翰要来纸笔，一气呵成写下了上面这首气贯长虹的绝命诗。

东北抗日联军领导人杨靖宇同志在同日寇作战最后弹尽粮绝剩下一人时，面对他人的劝降，掷地有声地说："老乡，我们中国人都投降了，还有中国吗？"

毛泽东同志在党的七大上曾指出："我们党尝尽了艰难困苦，轰轰烈烈，英勇奋斗。从古以来，中国没有一个集团，像共产党一样，不惜牺牲一切，牺牲多少人，干这样的大事。"革命战争年代，"狼牙山五壮士""白刃格斗英雄连""刘老庄连"、李大钊、方志敏、赵一曼等无数英雄群体和革命先烈，为争取民族独立和人民解放前赴后继、抛洒热血。

据不完全统计，从1921年至1949年，牺牲的全国有名可查的革命烈士达370多万人，平均每天牺牲370多人。他们真正用行动诠释了"为有牺牲多壮志，敢教日月换新天"的豪情与壮志。

五、廉洁自律的大境界

百年大党"大的样子"，大就大在共产党人的廉洁自律。在百年党史中，我们可以看到，毛泽东、周恩来、朱德等老一辈革命家都高度重视家风。从一封封"红色家书"中，也可以感受到许多严私德、严修身、严家风的谆谆嘱托、殷殷希望，深刻体现了共产党员的自律精神。

1955 年，开国上将李聚奎临终前把儿女们叫到床前说：“我，一个老共产党员，一辈子为信仰奋斗，没有个人私产。”他把在 5 张白纸上一笔一画写的遗产清单交给 5 个孩子，孩子们接过一看，那上面赫然写的是“三大纪律八项注意”。

1927 年红军上井冈山时，由于饥渴难耐，战士们私下扒了老百姓的红薯吃；红军打江西遂川时，老百姓找上门来说红军借厚门板还薄门板，而且睡过的房舍没打扫干净，弄得像猪圈一样。这几件小事，促使毛泽东等领袖们下定决心，要定规矩，从而有了三大纪律六项注意，以后完善成了三大纪律八项注意。

以铁的纪律锻造铁一般的革命队伍，共产党人在艰苦卓绝的井冈山斗争中，成功粉碎敌人军事“会剿”和经济封锁，取得了探索中国革命新道路的伟大胜利。

1935 年 4 月，红军长征经过藏族聚居区时，毛泽东妻子贺子珍的弟弟贺敏仁还是红小鬼，在某团当司号员。由于饿得实在受不了，就和几个战士一起偷偷地进到一座喇嘛庙，想找点吃的。走到庙门前一看，没有人看护，大门上却贴着一张标语，上面写着 8 个大字：“红军战士不准入内。”

这是红军的纪律！要不要进去呢？他壮了壮胆子，终于跨进了喇嘛庙。吃的没找到，倒发现了一些铜板。贺敏仁违反纪律，擅自拿了一些铜板塞进了衣袋里。

事情暴露后，贺敏仁便成了严重违反纪律的典型，被处以极刑。贺子珍怕毛泽东分心，直至到了延安，才把小弟在长征途中被枪毙的事，一五一十地告诉了毛泽东。

毛泽东听完贺子珍的诉说，只说了一句话："红军就应该有铁的纪律，我们应该用红军铁的纪律来要求自己的亲人！"

当时国民党是执政党，"国统区"还统治着全国3/4的地区和2/3的人口，且多为江南富庶之地，还有大量的美金外援资助。

而解放区都在较为贫瘠的地区，且基本没有外援，即便是统一战线抗战时，共产党领导的八路军、新四军所得到的军饷也十分有限，且在1941年后就完全停供了，靠南泥湾大生产解决部队的给养。

那么比拼的是什么？是规矩，是制度。由于不同的规矩和制度，共产党领导的军队及解放区不断发展壮大，最终解放了全中国，取得了政权；而国民党一步步走向崩溃，最后"蜗居"台湾岛。

习近平总书记强调，人不以规矩则废，党不以规矩则乱。在西柏坡纪念馆内有块展板，上面写着"根据毛泽东的提议，全会作出六条规定：一、不做寿；二、不送礼；三、少敬酒；四、少拍掌；五、不以人名作地名；六、不要把中国同志同马恩列斯平列"。这是毛泽东同志为防止"糖衣炮弹"的腐蚀，防止歌功颂德，力戒骄傲，在"进京赶考"前定下的规矩。

强烈的自律意识来源于对党的事业的高度责任感，党员干部强烈的自律意识是推动党的事业发展永不衰竭的动力，是促使自己永葆共产党员本色，思想与行动时刻与党中央保持一致，确保自己不掉队、不走偏、不迷失、不盲动的根本保障。

六、自我革命的大胸襟

百年大党"大的样子"，大就大在共产党勇于进行自我革命。

1946年，曾经犯“左”倾冒险主义错误的李立三，从苏联回到东北，化名李敏然。一些单位请他去讲党史，他认真分析“立三路线”的错误、原因和领导者个人的责任。有人听后疑惑不解：“您怎么知道犯错误的人心里想什么？”李敏然回答：“我就是李立三。”全场静默片刻后，响起雷鸣般的掌声。面对曾经的错误，李立三不断反省自己，坦率地“自我革命”了30多年，展现出共产党人的本色。

历史和现实都告诉我们，一场社会革命要取得最终胜利，往往需要一个漫长的历史过程。

马克思指出，无产阶级革命与其他革命不同之处就在于：它自己批评自己，并靠批评自己壮大起来。马克思主义政党为了人民的利益，坚持对的、改正错的。勇于坚持真理、坚持自我革命，是马克思主义政党性质的必然体现，是马克思主义政党能够干成其他政党干不成的事业，在历史洪流中始终充满生机、具有强大创造力的主要原因所在；是马克思主义政党从小到大、由弱变强，一次次走出困境、浴火重生，不断从胜利走向胜利的主要原因所在。

列宁在领导俄国革命过程中更加明确了通过自我革命来加强党的建设的思想。

习近平总书记在党的二十大报告中指出：“经济不懈努力，党找到了自我革命这一跳出治乱兴衰历史周期率的第二个答案，确保党永远不变质、不变色、不变味。”

中国共产党的百年历史，就是一部勇于自我革命的历史，勇于自我革命，是我们党最鲜明的品格，也是我们党最大的优势。

第一次国内革命战争失败后，1927年8月紧急召开的八七会议，在中国革命紧急关头及时为全党全国人民指明了斗争方向。红军长征途中，1935 年 1 月召开的遵义会议，确立了毛泽东同志在红军和党中央的领导地位，打开了中国革命的新局面。

抗日战争时期，从 1942 年开始、历时 3 年多的整风运动取得了巨大成效，党的七大使全党在思想上、政治上、组织上达到空前的统一和团结。

1949 年 3 月，党的七届二中全会提出“两个务必”，毛泽东同志强调“中国的革命是伟大的，但革命以后的路程更长，工作更伟大，更艰苦”，要求全党在执政条件下继续保持和发扬自我革命精神。

1978 年 12 月召开的党的十一届三中全会，是新中国成立以来我们党的历史上具有深远意义的伟大转折，开始全面纠正“文化大革命”及其以前的“左”倾错误，重新确立我们党解放思想、实事求是的思想路线，作出把党和国家工作中心转移到经济建设上来、实行改革开放的历史性决策。

党的十八大以来，以习近平同志为核心的党中央推进全面从严治党，把政治建设摆在首位，严明党的政治纪律和政治规矩。党的创造力、凝聚力、战斗力显著增强，党群关系明显改善，党在革命性锻造中更加坚强。①

正如毛泽东同志形象地指出：“房子是应该经常打扫的，不打扫就会积满了灰尘；脸是应该经常洗的，不洗也就会灰尘满面。我们同志的思想，我们党的工作，也会沾染灰尘的，也应该打扫和洗涤。”正是不断自我革命，中国共产党一次次转危为安、化危为机，成为中

① 许宝健：《中国共产党自我革命的内在逻辑》，《人民日报》2019 年 09 月 17 日 13 版。

国特色社会主义事业的坚强领导核心。

习近平总书记指出："中国共产党的伟大不在于不犯错误，而在于从不讳疾忌医，敢于直面问题，勇于自我革命，具有极强的自我修复能力。"

实践证明，我们党以敢于自我革命的勇气向顽瘴痼疾开刀，不仅清除了党肌体上的毒瘤，赢得了群众的信赖，而且让党内政治生态得到极大净化，让民心更加凝聚，让党的青春活力得以更加彰显。

七、为人类进步事业而奋斗的大格局

百年大党"大的样子"，大就大在共产党为人类进步事业而奋斗。

毛泽东说："中国是一个具有九百六十万平方公里的土地和六万万人口的国家，中国应当对于人类有较大的贡献。"

邓小平强调，我们作为一个真正的社会主义国家，是不会只顾自己的。中国应当对于人类有较大的贡献。

习近平指出："大道不孤，天下一家。经历了一年来的风雨，我们比任何时候都更加深切体会到人类命运共同体的意义……世界各国人民要携起手来，风雨同舟，早日驱散疫情的阴霾，努力建设更加美好的地球家园。"

在全球疫情尚未得到根本遏制，多国经济复苏前景还不明朗的当下，习近平主席的话语彰显出中国致力于构建人类命运共同体，彰显出负责任大国的世界情怀。

为推动全球抗疫，中国发起了新中国成立以来最大规模的人道主义行动。截至 2022 年元旦，中国累计向 120 多个国家和国际组织提供20亿剂新冠疫苗。

一项项数据背后，是一个个中国与国际社会携手抗疫的动人故事：塞尔维亚总统武契奇亲迎中国援塞医疗专家和防疫物资，深情亲吻五星红旗；意大利民众自发在阳台上奏响《义勇军进行曲》，高喊“感谢中国”；埃塞俄比亚航班机组和广州塔台在广州白云机场上演隔空对话：“谢谢中国”“中非友谊万岁”……

2017年12月1日，中国共产党与世界政党高层对话会在北京开幕。这是中国共产党成立以来首次与全球各类政党举行高层对话，也是世界各国政党领导人首次围绕构建人类命运共同体这一关系人类前途命运的重大问题进行深入坦诚对话。来自120多个国家近300个政党和政治组织的领导人共600多名中外方代表参加。世界各国各类政党能够聚在一起，超越地域、文化、宗教、民族、种族、意识形态、社会制度等差异，深入沟通交流，共商人类发展合作大计，为推动构建人类命运共同体注入强劲动力。

习近平总书记指出：“为人类不断作出新的更大的贡献，是中国共产党和中国人民早就作出的庄严承诺。”中国共产党既是为中国人民谋幸福的政党，也是为人类进步事业而奋斗的政党，不仅关注本国人民福祉，也具备世界眼光和大党担当。在中国共产党的政治引领下，中国积极推动“一带一路”建设、倡议成立亚投行、派出维和部队、支持非洲建设，将共赢共享理念贯彻到实践中去，从政治、安全、经济、文化、生态等方面为推动构建人类命运共同体提供丰富的参考案例。随着中国的发展壮大，中国共产党将为人类和平与发展的崇高事业作出新的更大贡献。

7 基层党组织如何凝心聚力

习近平总书记在党的二十大报告中指出：“增强党组织政治功能和组织功能，坚持大抓基层的鲜明导向，把基层党组织建设成为有效实现党的领导的坚强战斗堡垒，激励党员发挥先锋模范作用，保持党员队伍先进性和纯洁性。”

基础不牢，地动山摇。党的基层组织是党在社会基层组织中的战斗堡垒，是党的全部工作和战斗力的基础，担负着直接教育党员、管理党员、监督党员和组织群众、宣传群众、凝聚群众、服务群众等重要职责。这要求我们确立大抓基层的鲜明导向，进一步提升基层党组织的战斗力。

一、教育指导到位

随着新时代的到来，经济形势不断发展，互联网新媒体的不断冲击，党员的思想观念和思维方式不断变化，这对党员的思想和能力素质提出了新的要求，同时也给我们党员教育的方式方法提出了新的挑战。如何做好党员教育工作，更好地提高党员素质，发挥党员在工作中应有的先锋模范作用，是各级党组织面临的一项十分艰巨而又紧迫的任务。

（一）适应网络时代

新媒体传播的出现，以抖音、微博、微信公众号、斗鱼为代表的网络传播影响力日益增大，人人都能成为“意见领袖”，人人都可以有感而发，导致信息鱼龙混杂。这在一定程度上制约了传统的党员教育管理方法的效果，为党员教育管理带来了新的挑战。新媒体具有强大的数据功能，共享性、即时性、平面性、低成本性是其独有特性。因此，新媒体平台具备使党员教育多样化的诸多优势，充分开发其潜能，将使教育形式日益丰富。

首先要打造网络党建阵地。争夺网络阵地的实质，是争夺舆论传播的主动权，争夺意识形态的制高点，最终争夺群众、争夺民心。各级党组织要充分利用新媒体的传播优势，搭建网络党建信息平台，特别是建立完善抖音、微博、微信互动平台，抢占党员思想教育宣传阵地，聚焦各个新媒体传播空间，使其成为联系党员、交流思想、凝聚共识的重要渠道和阵地。

其次要改进党员教育模式。党组织在开展党员教育时，要适应新媒体迅猛发展的形势，使党员教育内容向综合运用文字、图片、动漫、视频、微电影等多样化形式发展，增强新颖性、丰富性和吸引力。同时引导党员使用共产党员网、“学习强国”学习平台等开展在线学习。运用大数据、云计算等技术，根索建立党员学习电子档案，动态分析学习情况，精准推送学习内容。

其三要把握思想动态主导权。树立正确的世界观、是非观。在事关意识形态领域政治原则和大是大非问题上，必须增强主动性、掌握主动权、打好主动仗。党务工作者要时刻关注网络热点信息，及时提炼出当前广大党员最关心的话题作为微博、微信群议题，并通过对信息的收集、分析、研判、提炼等，进行政治理性教育，培养党员对网络信息的辨识能力；对网络有害信息及时进行过滤和屏蔽，构筑起安全“防火墙”，对偏激性、错误性言论，党务工作者要及时给予纠正，并做出正确解释，避免不良信息对党员同志产生负面影响，引导同志们深刻理解和准确掌握信息的原委，培育树立正确的世界观、是非观，始终保持党员的先进性和纯洁性。

（二）健全工作体系

党员教育工作在很多方面依旧是“你讲我听，你说我记”的满堂灌、“读读报纸、学学文件、看看录像”的简单学，存在着“上热下冷、忽冷忽热、上实下虚”党务干部一家忙的困境和“老办法不灵、新办法不明、好办法难寻”的尴尬。在教育内容上，往往是上级布置什么学什么，照本宣科，没有密切联系本单位工作实际，没有就实际问题进行深刻剖析，教育管理应付被动；在要求交流发言时，少数党员准备不充分，泛泛而谈，缺乏活力和吸引力，往往只能事倍功半。

加强党员教育培训，是党要管党、从严治党的必然要求，是提升党员党性修养，发挥党员先锋模范作用的重要举措。尤其是当前，面对新形势、新任务、新要求，抓好党员教育培训比以往任何时候都更为重要、更为迫切。

首先要突出党员教育培训重点内容。突出政治功能，切实抓好习近平新时代中国特色社会主义思想教育培训，全面落实政治理论教育、政治教育和政治训练、党章党规党纪教育、党的宗旨教育、革命传统教育、形势政策教育、知识技能教育等 7 个方面基本任务，把党性教育和理想信念教育贯穿始终，以坚持和完善中国特色社会主义制度、推进国家治理体系和治理能力现代化为目标，对党员进行系统教育培训。同时紧扣党和国家重大决策部署、重要会议活动、重要时间节点及本地区本部门本单位中心工作开展党员教育培训。

其次要注重党员教育培训方式方法。坚持从实际出发，尊重党员主体地位，注重提高能力素质，分领域分群体针对性开展党员教育培训。各级党组织要针对农村、街道社区、机关、事业单位、国有企业、非公有制经济组织、社会组织等领域特点，分类抓实抓好党员教育培训；要结合基层党组织书记、新党员、青年党员、老年党员、流动党员、下岗失业人员中的党员等群体实际，分别明确教育培训目标要求和重点内容。同时灵活运用讲授式、研讨式、模拟式、互动式、观摩式、体验式等教学方法，探索“课堂＋基地”实训模式，深入生产车间、田间地头等基层一线，增强教育培训的吸引力和感染力。

其三要夯实党员教育培训基础保障。建强师资队伍。分级建立开放式党员教育培训师资库，加强培训管理、实行共建共享。加强阵地建设。在充分发挥各级党校（行政学院）主渠道、主阵地作用的同时，利用好党员活动室、党群服务中心、远程教育站点、新时代文明实践中心等开展好党员日常教育培训。优化资源供给。加大党员教育电视片创作力度，创新表现形式，定期开展党员教育电视片观摩交流。鼓励各地各部门各单位结合实际开发各具特色、务实管用的党员教育培训教材，定期开展党员教育培训教材展示交流。深入挖掘基层党员群众身边的党组织书记、优秀党员、先进典型等宣讲人才，制作党员教育培训课件。强化经费保障。各级党委（党组）要严格落实《中国共产党党员教育管理工作条例》规定，把党员教育培训经费列入本级财政预算，按照党员数量划拨，由同级党委组织部门统筹安排使用，重点保障农村、社区、非公有制经济组织和社会组织、离退休干部党组织、公共就业和人才服务机构等基层党组织开展党员教育培训，形成稳定的经费保障机制。

（三）狠抓责任落实

当前，随着市场经济的不断发展和改革开放的不断深入，我们的社会正在发生前所未有的深刻变化。站在新的历史起点，坚持和发展中国特色社会主义，我们党面临着“四大考验”与“四大风险”。一些党员领导干部没有从思想上真正重视党员教育工作。

究其原因，主要是思想认识不到位，理想信念弱化，政绩观偏差，简单地认为业务工作才是最大的实绩，认为党员教育工作太过务虚，不容易出成绩，从而在思想上放松了对党员教育工作的重视。

我们党历来重视党员教育工作。从历史与现实的经验来看，党员教育工作的作用是不可替代的。但如果抓得不实，则难以发挥党员教育工作的作用。

首先要加强组织领导。各级党委（党组）要认真履行党建主体责任，党委（党组）书记要履行第一责任人职责，加强对党员教育培训工作的组织领导，每年至少专题研究1次党员教育培训工作。党支部要担负直接教育党员责任，抓实党员日常教育工作。县级以上党委应当建立党员教育管理工作协调机构，落实党员教育培训联席会议制度，每年至少召开1次联席会议。各级党委组织部门要健全党员教育机构，完善职能职责，配强工作人员。基层党组织采取专兼职结合的方式明确人员负责党员教育培训工作。

其次要落实培训制度。落实需求调研制度，准确掌握党员学习需求、参训意愿和教育培训成效。落实学时制度，党员每年参加集中培训和集体学习时间一般不少于32学时，基层党组织书记和班子成员每年参加集中培训和集体学习时间不少于56学时、至少参加1次集中培训。落实培训登记制度，对集中培训的党员分类登记，防止多头调训、重复培训、长期不训。建立绩效评估制度，建立党员教育培训绩效评估指标体系，健全由学员、培训组织单位、培训机构多方参与的课程质量评估机制。同时将党员教育培训工作作为党委（党组）书记抓基层党建工作述职评议考核的重要内容。

其三要严肃培训纪律。各级党组织要严格贯彻落实党中央关于加强学风建设和学员管理的有关规定，大力弘扬理论联系实际的马克思主义学风，做到学以致用、用以促学、知行合一。要严肃教育培训工作纪律，力戒形式主义、官僚主义，防止教育培训表面化、程式化、庸俗化，防止学用脱节、空洞说教，防止不分层次对象“一刀切”“一锅煮”，防止多头调训、重复培训、长期不训，防止检查过多、过度留痕。

二、监督管理到位

中国共产党是中国工人阶级的先锋队，同时是中国人民和中华民族的先锋队，既然如此，每一名党员的言行举止都应当严格遵照党章党规中的各项要求，充分体现我党的先进性，这也要求基层党组织做好监督管理工作。

（一）强化党组织覆盖率

随着改革开放的深入推进，许多农村人涌入城市，“两新”组织蓬勃发展，数量规模日益扩大，总数量也占据了全社会人数的较大比例。只有不断扩大党组织在这些领域的覆盖面，才能确保党的政治方向，党的路线、方针、政策及时有效地得到贯彻落实。

不可否认，一些地方对加强“两新”组织党建工作认识不够、力度不大、措施不实。有的底数不清、情况不明，对开展党建工作心中无数，不知从何着力；有的党组织组建率低、覆盖面不广，存在不少盲区和空白点；有的虽然组建党组织，却存在功能不强、作用发挥不明显等问题。“两新”组织领域党建工作存在的薄弱环节，成为加强基层党建工作的一个“短板”。加强和创新“两新”组织党建工作，显得尤为重要和迫切。

首先要多举措地发展壮大党员队伍。党员是组成党组织的个体细胞。党员既是党组织的构成主体，也是党的生活、党的工作、党的建设和党的事业的主体。没有党员，党组织无异于无源之水、无本之木。因此，要在“两新”组织中建立党组织、提高并巩固“两新”组织党组织覆盖率，必须抓住党员这个关键性的个体细胞，多举措地发展壮大党员队伍。方式无外乎两种，一种是内扩，一种是外引，而具体措施是多样的，需要根据“两新”组织的实际情况而定。

其次要多渠道地联谊联络广大业主。党组织能否在“两新”组织得以组建，党的建设能否在“两新”组织得以推进，业主是其中的关键。业主发自内心的理解与支持，是组建党组织的重要条件。因此，要在“两新”组织中建立党组织、提高并巩固“两新”组织党组织覆盖率，必须抓住业主这个关键，多渠道地联谊联络广大业主，才能使“两新”组织党组织“建得起、稳得住、有发展”。要加大培训，使业主思想上有认同感，要加强联系，使业主情感上有归属感。要加大激励，使业主政治上有需求感。使他们进一步认识到“两新”组织的发展绝离不开党的领导，从而促使他们自发地在“两新”组织中建立党的组织，开展党的工作。

其三要多形式地引导党组织和党员发挥作用。“两新”组织党组织组建以后，能真正发挥多大作用，生命力有多强等等这些问题，都将成为影响和决定“两新”组织党组织覆盖的重要因素。因此，必须紧紧抓住“有为才有位”这个关键动力，多形式地引导党组织和党员发挥作用，以他们的实际行动证明在“两新”组织中建立党组织的必要性和重要性，带动其他“两新”组织自觉主动建立党组织。一方面，要选准人，领头发挥作用。“火车跑得快，全靠车头带”。另一方面，要走对路，搭台发挥作用。“两新”组织党组织要充分发挥作用，真正体现“有为有位”，就必须紧贴“两新”组织生产经营、员工思想状况、企业形象塑造等来设计活动载体。

（二）强化党员监督管理

党员是党联系群众的纽带，是党组织发挥战斗堡垒作用的力量源泉。全面从严治党必须从严抓好党员队伍建设，把“严”和“实”的要求贯穿到党员发展、教育、管理的各个环节，始终保持党员队伍的先进性和纯洁性。

随着形势的发展变化，党员队伍中出现入党动机不纯，把入党当敲门砖；组织观念淡薄，长期不向党组织靠拢，不参加党组织活动；宗旨意识淡薄，放松了对自己的要求，面对问题不敢站出来，甚至出现党员违法乱纪现象。因此，加强和改进党员教育管理工作，充分发挥党员的先锋模范作用，对于加强基层党建工作、推动经济社会发展显得尤为重要和紧迫。

首先要提高党员发展质量。各级党组织要始终严把党员发展质量关，坚持质量重于数量的原则，紧紧抓住提高党员质量这个关键环节，把新党员的政治素质放在首位，坚持吸收思想先进、行动积极并得到群众公认的优秀积极分子，严把考察审查、民主测评等关口，对培养时间不够、对党认识不深、培训考试成绩不及格、入党动机不纯、群众测评满意度不高、政治审查不过关、手续材料不齐全的，一律不予审批，有效保证党员发展的质量。同时注重考核检查。把发展党员工作列入对各级党组织党建工作的考核内容，定期督促检查，及时掌握各党支部发展党员工作情况。严格落实发展党员工作责任追究制，按照“谁培养谁负责、谁介绍谁负责、谁考察谁负责”的原则，明确培养人、介绍人、考察人、审批机关的职责任务，对未坚持党员标准，违反工作程序和不履行发展党员职责的行为及情况，追究相关人员的责任，确保发展党员工作质量。

其次要拓展党员管理广度。对流动党员、失联党员等特殊党员群体，进行分门别类、区分管理。深入推进党员组织关系排查，重点开展失联党员集中排查整治，大力实施“失联党员归队工程”，努力让失联党员找到组织。对整治期间仍未取得联系的党员逐步清除出党，从源头上治理党员组织关系“空挂”“失联”等现象，解决“口袋党员”“隐身党员”等问题，理顺党员组织关系。认真研究并出台相关政策，加强流动党员管理，全面梳理流动党员名册，成立流动党员联合党委，确保每名流动党员都能及时参加党的组织生活，接受党组织的教育、管理和监督，切实提升党员管理覆盖面。

其三要挖掘党员管理深度。推行“三会一课”备案制和公示制，要求各基层党组织围绕年初党员教育管理工作计划，制定“三会一课”方案和每月活动安排。每季度末将“三会一课”落实情况在党务公开栏进行公示，自觉接受群众监督，并对群众意见、建议等进行备案。推行一系列党员教育活动，提升广大党员思想理论水平，不断增强以知促行、服务发展的能力。积极探索实施党员积分制管理，将党组织对党员的评价用分数进行量化，用积分记录党员变化、衡量党员作用、评定党员优劣，促使党员肩上有责、争先有标、行为有尺、考核有据，有效解决党员管理失之于宽、失之于软的问题，实现“小积分”管好“大队伍”，进一步激发广大共产党员的奉献热情。

（三）强化考评机制落实

当前，党建工作责任制考核多是采用听取汇报、查看资料、组织考评、群众座谈等考核方法，不免存在的随意性影响的问题。凭印象打分往往具有主体臆断的色彩，影响了测评的公正性。群众座谈实效不明显，座谈对象是领导指定的，没有把那些想说话的同志挑选进来参加座谈会，导致想说不敢说，敢说没有参加座谈会，导致了考评计分的模糊化。

党建工作考核评价运用机制尚不完善，党建工作考核结果合理使用缺乏与之配套的相关制度条件，考核结果只是作为评选先进的重要依据，在提拔干部、外出教育培训等方面运用的不够，考核结果运用形式单一。

首先要量化考核内容，解决“考什么”的问题。党建工作责任考核要讲求实效，关键在于明确责任范围，细化考核指标，要把每条战线、每个领域、每个环节的党建工作内容都具体化、明晰化，使党建工作考核考深入、考扎实，确保考核督促抓到位、严起来。细分任务，量化考核党组织年度工作。结合农村、社区、机关和企业等党组织的不同特点，将党建工作与中心工作、发展目标紧密结合，制定面向不同行业党组织的党建工作目标责任管理分类考核评价办法。

其次要创新考核方式，解决“怎么考”的问题。着眼务实管用，改进考核方式，提升考核水平，是确保考核工作顺利有效进行的保障。合理规范考核程序，做到日常督查与年终考核相结合，采取查阅台账、座谈交流、实地查看、专项述职、抽样考核等方式进行。既查看以往的党建基础工作，也深入所属基层实地检查；既看党建工作的硬件软件，也听取党员群众的意见，同时充分运用领导班子年度述职考核、换届考察等结果，做到多方情况相互补充、相互印证，防止被考评单位虚报浮夸。

其三要强化激励导向，解决“怎么用”的问题。把党建工作列入年度目标考核督查工作的范围，并将考核结果纳入干部信息大数据库，在考核、任用干部特别是党政一把手时，作为重要参考信息，做到考察干部考党建、任用干部看党建，有效调动各级党政一把手抓党建工作的主动性和创造性。另外把考核结果与党组织推先评优相结合，与跟踪问责相结合。考核结果公布后，及时下发党建工作考核通报，指出被考核单位党建工作中存在的问题和整改方向，适时派出督查组，通过明察、暗访、回访等多种方式，了解整改落实情况。对整改不力的单位严格问责，使党建抓不牢、整改落实不力的人坐不住，形成抓党建工作落实的倒逼机制。

三、保障服务到位

在基层调研时曾听到一些基层干部群众吐槽，基督教信徒们“赶教会”比党员参加党内活动还积极。当问及原因时，基本都异口同声地说，“人家教会对信徒可好，谁家有个困难、病情时，总会有人上门慰问，或帮着代为祷告。”人是感情动物，党支部是每位党员的“家”，组织上有了亲情关爱，党员干部自然会感悟在心、感动在情，进而增强在党意识，切实做到在党言党、在党爱党、在党忧党、在党兴党。

（一）政治上给予激励

当今社会，各种思潮纷繁复杂，各种信息肆意奔涌，各种诱惑纷至沓来，确实有些喧嚣嘈杂。在大量的干扰与诱惑面前，专注地、心无旁骛地做事变得非常难。作为党员干部，越是在纷繁复杂中，越要增强政治定力，确保政治合格。这就需要党组织强化政治教育引领、优化先进典型激励和树立正确用人导向。

首先要强化政治教育引领。基层党组织是做思想政治工作的前沿阵地，必须坚持党要管党，从严治党的方针。要健全党员教育学习制度，及时向党员宣传党的路线方针政策和国家的法律法规，教育党员坚定理想信念，增强党性观念，模范遵纪守法。要建立党员领导干部访谈制度，设立党员“谈心角”，开设党员热线电话，组织党员召开座谈会、恳谈会，开展谈心活动，倾听党员意见，了解和理顺党员情绪，及时向上级党组织反馈党员思想动态，有针对性地做好经常性的党员思想政治工作。

其次要优化先进典型激励。深入开展以亮身份、亮承诺、亮业绩、树形象为主要内容的“三亮一树”主题活动，引导党员争创党员先锋岗、先锋服务队、最佳服务窗口、最佳服务标兵。对作出突出贡献、表现优异的党员，授予荣誉称号，给予一定物质奖励，同时进行大力宣传，增强党员社会认同感、自我价值感。让党员感到荣誉在心、责任在身。

其三要树立正确用人导向。要注重在项目建设、完成重大任务、应对重大事件等关键时刻考察党员干部、识别党员干部，积极探索和完善党员干部考核评价体系，深入开展蹲点调研、横向测评考核办法，大力选拔敢于负责、勇于担当、善于作为、埋头苦干、实绩突出、不事张扬的党员干部，营造“能者上、庸者下”的良好干事创业氛围。

（二）工作上给予支持

“上面千条线，下面一根针”，很多党员干部身处基层，既要落实政策，又要面对误解，压力之大，可想而知。如果组织都不去关心他们在工作中遇到的种种困难，很多基层党员干部就谈不上拥有获得感和干事创业的动力，不仅会造成基层人才流失，还会败坏基层风气、引发群众不满，让国家事业发展和社会稳定大局受损。这就需要党组织保障党员权利行使、完善党员培养机制和营造和谐工作环境。

首先要保障党员权利行使。建立并完善党内情况通报、情况反映和重大决策征求意见制度。推行党务公开、党内重大事项决策听证和票决制，尊重和保障党员对党内事务的知情权、参与权、选择权、监督权和其他民主权利，维护党员的合法权益。严格执行党员权利保障方面的规定，采取切实措施抓好本部门（单位）党员权利保障工作的落实。党员合法权益受到侵害时，党组织应当及时提供帮助，依法维护。重视流动党员的权利保障，严格遵守党内有关规定，保障他们正常行使权利。

其次要完善党员培养机制。加强党员干部培训，提高基层党员干部干事创业的能力和素质。部分基层党员干部发展意识不强，对新知识、新理论、新技术了解不多，不能很好地适应新时代中国特色社会主义建设的需要。要建立健全基层党员干部的培训教育机制，积极创造条件，使基层党员干部通过集中培训、外出考察、挂职锻炼等形式更新观念、增长才干，提高基层党员干部的综合素质。

其三要营造和谐工作环境。增强基层党员干部干事创业的信心和勇气需要营造和谐工作环境。一是要鼓励创新。干事就要创新，创新就要付出汗水和心血，就要经历艰难和困苦。对于基层党员干部干事创业，不论成绩大小，都要给予褒扬和鼓励；对于遭受非议和责难的大胆干事的基层党员干部，要支持和保护。二是宽容失误。干事创业的过程就是探索尝试的过程，难免遭遇失败和挫折。要多宽容失误的基层党员干部，只有多加宽容和包容，营造了和谐的创业环境，才能激发基层党员干部的干事创业热情，增强他们的信心和勇气。

（三）生活上给予关心

在广大人民群众的心中，共产党员是无所不能的“超人”“强者”，他们无所不能地冲在乡村振兴、抗洪抢险、抗击疫情等前线。但是，共产党员也是有血有肉的正常人，他们也有生老病死和悲欢离合，也有困惑和痛苦，承载了诸多生活压力的共产党员或许有时候比我们普通人更需要关心，这就需要党组织建好服务平台、丰富活动内容和完善帮扶机制。

首先要建好服务平台。要针对目前党员流动性进一步加大的特点，以市、县两级党员群众服务中心为龙头，乡镇、街道党员群众服务中心为重点，村、社区党员群众服务中心为基点，形成纵向到底、横向到边的党员群众服务网络，让党员群众都能找到“家”。不仅要有规范、充足的硬件设施，还要保证服务中心活动的经常性、有效性和吸引力。要根据党员群众的实际需求，提供党务工作政策咨询、党员求助热线、党建知识教育传播、党员活动、群众入党申请、党员组织关系接转等服务，努力使其成为服务党员群众的温馨家园。

其次要丰富活动内容。完善党员“政治生日”制度，每年“七一”期间，各基层党支部通过党员大会、主题党日等载体，以重温入党誓词、唱响红色歌曲、党员互致“生日祝福”等庄重方式，为党员过集体“政治生日”；对年老体弱老党员通过党组织上门看望、赠送“政治生日”贺卡、颁发“光荣在党50年”纪念章等有意义的形式，提醒党员“不忘初心、牢记使命”，增强广大基层党员荣誉感、归属感、使命感。完善党员谈心谈话制度，在培养发展入党和党员转接组织关系、党员获得功勋荣誉表彰时，党组织应当派人与其谈心谈话，给予鼓励鞭策。党员受到组织处理、纪律处分，或者发现有苗头性倾向性问题时，党组织应当及时谈话提醒，进行教育帮助。

其三要完善帮扶机制。强化访贫问苦，实现党员困难时有人帮。除在“七一”、春节等重要节日期间，广泛开展慰问困难党员、老党员活动外，完善党员领导干部与困难党员结对帮扶制度，对入党时间长、丧失劳动能力、生活困难的党员实行“四必访”，即生病住院或亡故时必访，家庭受灾或发生意外时必访，生产生活中遇到困难时必访，有较大思想情绪或有意见和建议时必访。强化抱团取暖，实现党员难时有人解。采取“向上争取一点、党费挤一点、党员拿一点”的方式，有效解决关爱党员的资金问题，使需要帮扶的党员及时得到物质关怀。

8 为世界谋大同的中国情怀

习近平总书记强调，“我们所做的一切都是为人民谋幸福、为民族谋复兴、为世界谋大同。”这是中国共产党人的庄严承诺和使命担当，是深刻理解和全面把握习近平新时代中国特色社会主义思想的金钥匙。其中“为世界谋大同”的思想为推动构建人类命运共同体、维护人类共同利益和共同价值做出了重要贡献，它是人间的大爱。

一、点燃梦想

世界大同到底是怎么样的一个梦想呢？儒家思想是中国传统文化的主流，其中提到的大同社会为我们描绘了一个美好的大同梦，成为中国人民一直以来所追求向往的。几经辗转，我们今天的大同梦就有了三个特征，首先大同梦是亘古不变的爱、其次大同梦是公而忘私的爱、其三大同梦是共同期盼的爱。

（一）世界大同的梦是亘古不变的爱

习近平总书记说："人民对美好生活的向往，就是我们的奋斗目标。"生活在中国这块土地上的人们，从古至今，从来就没有放弃对美好生活的向往和追求。儒家经典书籍《礼记》中的《礼运》篇就记载了孔子对大同社会的向往。

当时孔子参加一个祭祀活动结束后，就在大门楼上游览，不自觉地唉声叹气起来。

弟子言偃就过来问孔子："师父，您为什么叹息呢？"

孔子便说："大道实行的时代与夏商周三代英明君主治世的时代，我还没有出生，但还是有记载的。大道实行的时代，天下是属于公众的。各行各业选拔道德高尚的人，推举有才能的人，人们不单是亲爱自己的父母与子女，也亲爱别人的父母与子女。老年人安享天年，壮年人乐于生产，小孩子快乐成长。老而无妻、老而无夫、老而无子、幼而无父、身有残疾，这些有困难没有依靠的人，生活都能得到大家的帮助和供养。男人尽心自己的职分，女人安守自己的家庭。

人们厌恶财物浪费，却不是因为小气而私藏这些财物；厌恶劳动付出不够多，却不是为了自己多劳动而获得更多的劳动成果。所以各种贪财图谋的心没有，盗窃乱贼不会出现，各家的大门都不用关，这就是大同社会。”

《诗经·魏风·硕鼠》中诗人渴望的“乐土”“乐国”“乐郊”，陶渊明的《桃花源记》和诗，都表现出了中国古代文学家对大同社会的渴望。

宋元明清时期的邓牧、黄宗羲等学者著书立说，进一步推崇儒家“天下为公”的大同理想。

近代革命，也首先是唤醒民众对“大同”理想的记忆，康有为著《大同书》阐发孔子大义。

而辛亥革命的领导人孙中山，更是把“天下为公”当作自己的追求目标。一百多年前，孙中山先生用十六个字描绘未来之中国，叫作“人尽其才，物尽其用，地尽其力，货畅其流。”

努力使全体人民“幼有所育、学有所教、劳有所得、病有所医、老有所养、住有所居、弱有所扶”。这是习近平总书记一直以来的牵挂，它正慢慢成为新时代中国的生动实践。2021 年 2 月 25 日，习近平庄严宣告：“经过全党全国各族人民共同努力，在迎来中国共产党成立一百周年的重要时刻，我国脱贫攻坚战取得了全面胜利，现行标准下 9899 万农村贫困人口全部脱贫，832 个贫困县全部摘帽，12.8 万个贫困村全部出列，区域性整体贫困得到解决，完成了消除绝对贫困的艰巨任务，创造了又一个彪炳史册的人间奇迹！”

习近平总书记多次提到“天下一家”的观点。他指出，计利当计天下利。世界大同，和合共生，这些都是中国几千年文明一直秉持的理念。不能独善其身，而应该兼济天下，因为幸福不应该是一个独立单元的享受，而应该是全人类共同的感受……各国都应该担当起自己的责任，放眼全球发展，进一步扩展合作格局，推动构建人类命运共同体。

孔子为什么提出大同社会的理想呢？因为他的儒家思想精髓用一个字概括就是“仁”，“仁”字的构成就是左“人”加右“二”，意思就是两个人之间相互亲爱。

明代心学大师王阳明阐发的无非也是这个道理。心学所说的是：“此心无私欲之蔽，即是天理，不须外面添一分。以此纯乎天理之心，发之事父便是孝，发之事君便是忠，发之交友、治民便是信与仁。只在此心去人欲、存天理上用功便是。”意思也是说，无论事父、事君、交友、治民，唯用一颗爱心就好了。

我们现在所追求的中华复兴之梦、构建人类命运共同体之梦以及共产主义远大理想，其源头就是《礼记·礼运》所记录的内容。这正是我们中华民族世世代代念念不忘的“初心”。

（二）世界大同的梦是公而忘私的爱

1929 年 3 月 24 日，革命烈士赵云霄接到死刑判决书后，给出生一个半月的女儿写下遗书：

启明我的小宝贝：

启明是我们在牢中生了你的时候为你起的名字，这个名字是很有意义的。因为有了你才四个月的时候，你的母亲便被湖南清乡督办署捕到陆军监狱来了。当时，你的母亲本来是要被立即处死的，可是因为有了你，才又延迟了几个月。你是民国十八年正月初二出生的，你的母亲在你刚刚只有一月有十几天的时候，便与你永别了。小宝宝，你是个不幸的孩子，生来不知道生父是什么样，更不知生母是如何人！小宝宝，你的妈妈不能抚养你了，她不得不把你交给你的爷爷和奶奶去养大，你不要恨我！你只能恨当时的社会。

小宝宝，我很明白的告诉你，你的爸爸妈妈是共产党员，且都到俄国读过书，所以才会处我们死刑。你的爸爸是死于民国十七年十月十四日。你的妈妈是死于民国十八年三月二十六日。小宝贝，你的爸爸妈妈，你是再也看不到了，而且他们没有照片给你留下，你的妈妈能给你的留下的，就只有一枚戒指，当作你一生唯一的纪念品！

小宝宝，我不能抚育你长大，希望你长大时好好读书，而且要知道你的父母是怎么死的。我的启明，我的宝宝，当我死的时候，你还在牢中。你是个不幸的孩子，你是个世界上最不幸的孩子！是没有爸爸妈妈的可怜的孩子。小明明，你爸爸在牢中给我的信，还有作品，你要好好保存！小宝宝，你的妈妈不能多写了。你的外祖母，家在北方，河北省阜平县。你的母亲姓赵，你的母亲是二十三岁的时候死的。你一定要记住。小宝宝，盼望你好好长大成人，好好读书，这样，才不会辜负父母的期望。可怜的小宝贝，我的小宝宝！

你的母亲于长沙陆军监狱，流泪书成

一九二九年三月二十四日

其实，在孩子出生后，赵云霄只要发表脱党声明，就可以出狱，但她绝不叛党，两天后，她走上刑场慷慨就义。这封信大义凛然，却充满了暖暖的爱。

谁不爱自己的孩子？谁不愿共享天伦？毛主席也深深爱着他的长子毛岸英，1950 年朝鲜战争爆发后，毛主席毅然决然地将新婚一年的儿子送上了前线。34 天后，28 岁的毛岸英牺牲了。毛主席得知噩耗后，沉默了很久很久，才对在场的工作人员说："战争嘛，总要有牺牲的，这没有什么。"

真的是没有什么吗？那他独自保管的衣物呢？夜深人静，等到所有人都离去，一个老年丧子的父亲，独自一个人把孩子留在家里的衣物，一件一件地叠好，收起，放到衣柜的深处。这一切，是发生在那个悲痛消息传来的夜晚吗？

有人曾经建议将他的遗体运回国内，毛主席却说："不必了，共产党人死在哪就埋在哪吧。"可这些衣物呢？一个把儿子的毛巾和袜子都视若珍宝的父亲，真的就不想让儿子回来吗？

不！他思念岸英！像天下每一位失去儿子的父亲一样，他一次又一次把这些衣物一件一件拿出来，轻轻地抚摸，这些衣物上，是否也浸染过一位父亲的眼泪呢？我们不知道，我们不敢深究，我们不忍细想。

1951 年，毛主席对同窗 5 年的好友周世钊平静地说："你说不派毛岸英去朝鲜，他就不会牺牲，这是可能的，也是不错的。但是你想一想，我是主张派兵出国的……作为党中央的主席，一个国家领导人，自己有儿子，不派他去，又派谁的儿子去呢？……我一贯认为青年人就是要在艰苦的环境中去锻炼！就是要在战斗中成长！"

为了革命事业，毛主席牺牲了 6 位亲人，又失去了 7 个儿女。作为国家的领袖，他把唯一健康的儿子送到了前线，又把儿子葬在了朝鲜，他为民族的解放和国家的独立贡献了自己的智慧、贡献了他的亲人，也贡献了他的一生。

新中国成立 10 周年时，毛泽东写下了那首著名的诗篇《到韶山》：

“别梦依稀咒逝川，故园三十二年前。红旗卷起农奴戟，黑手高悬霸主鞭。为有牺牲多壮志，敢教日月换新天。喜看稻菽千重浪，遍地英雄下夕烟。”

“为有牺牲多壮志”，“牺牲”两个字写得多么豪迈，那一刻他心里有多痛，“敢教日月换新天”，一个“敢”字，把多少风云一笔带过，你懂，你就会知道，共产党人的信仰蕴含了多大的爱！“新中国”这三个字，有多重！[①]

他们之所以伟大，是因为他们充满着爱，爱是与生俱来的能力。因为有了爱，这个世界才丰富多彩、美丽动人。我们人类共享一轮明月、一个地球，我们都是人类命运共同体，我们相亲相爱是理所当然的事情。为了使人类早日走向和平与幸福，更加无限地接近世界大同，无数革命志士心怀大爱，无论顺境逆境，初心不改，与人民一道，敢于牺牲，敢于面对挫折，敢于修正错误，攻关夺隘，改变了亿万黎民百姓的苦难生活。

（三）世界大同的梦是共同期盼的爱

世界大同，就是全世界所有人类，不分国界、不分宗教、不分信仰、不分种族、不分阶级、不分等级、不分贫富、不分强弱、不分性别、不分年龄，大家都有一个共同的价值观——普世价值：人与人的关系以互助互爱为基础，发生矛盾通过协商解决。

中国提出的“一带一路”倡议迄今，从东非有了第一条高速公路，到马尔代夫有了第一座跨海大桥，再到白俄罗斯第一次有了自己的轿

---

① 朱玉文：《领袖情怀 动人党课》，《党课参考》2018 年第 004 期，第 90−93 页。

车制造业，“一带一路”坚持共商共建共享，给各方带来的是满满的发展机遇。通过高质量共建“一带一路”，携手推动构建人类命运共同体。

当年，欧盟为了避免再次发生类似第二次世界大战带来的危害，首先从仅仅六个国家联合成立“欧盟煤钢共同体”开始，然后不断扩大共同体的覆盖范围和增加参与国家的数量，至今，欧盟共有 27 个成员国，最终实现整个欧盟的全面一体化，使用统一货币，各国之间人员来往免签证。

由于各国之间和平共处，有了平稳发展的和平环境，再加上各国之间互助互利，互通有无，大力促进经济发展，繁荣社会文化，推动社会进步，人民因此安居乐业，文化因此百花齐放，科技因此突飞猛进，国家因此兴旺发达。

要知道，欧盟的这些国家之间，有些可是曾经有着数百年战争历史和数代人血海深仇的对立国，却同样可以抱着发展的胸怀，相逢一笑泯恩仇。

这种以大爱推动国与国之间的关系，使得各国自由贸易，在互通有无、优势互补中实现合作共赢。各国因此和平共处，没有尔虞我诈，没有掠夺，就没有战争。由于没有战争，也就没有军队，国界将逐渐消失，全部人生活在一个地球村里，其乐融融。

在漫长的人类社会历史长河中，地球上的国家在抵御外侵、发展民族经济与文化等方面所起的作用是不容置辩的，但世界一体化经济体系建立起来以后，国家之间出现的贸易壁垒、军备竞赛等等，对人类社会的进步与发展显示其阻碍作用与负面影响。

当世界走向大同，必然会少一些仇恨，少一些灾难，少一些战争，多一些健康，多一些平安，多一些温暖。

二、拥抱梦想

我们为什么要有世界大同的梦想呢？在广东茂名有位名人叫冼英，大家都称她为冼夫人。冼夫人在世时，岭南百姓已尊奉她为“圣母”；去世后，当地百姓建庙祭祀她，目前全球有冼太庙2000多座，遍布马来西亚、新加坡、越南等国及粤西地区，是东南亚华人华侨与当地百姓共同崇拜、信仰的英雄。冼夫人的精神不仅仅影响了岭南地区，还超越了国界，甚至穿透了1500年。了解冼夫人的历史和精神在今天和未来仍有重大的意义，有梦想，就有诗和远方；有梦想，就有路和阳光；有梦想，就有油和海港。

（一）有梦想，就有诗和远方

冼夫人历经梁、陈、隋三朝，面对无数惊涛骇浪、艰难抉择，都成功地走了过来，朝廷嘉奖，百姓拥戴，被尊称为岭南“圣母”，后来还被周总理誉为“中国巾帼英雄第一人”，靠的是什么呢？

杨坚建立隋朝后，冼夫人所居的岭南地区地理环境比较恶劣，难以征服，冼夫人本来可以自立为王的，但是她有一个好心的梦，那就是国家统一，早日平息战火，让黎民百姓安居乐业，于是她主动归降隋朝。在晚年，冼夫人回顾一生说：“我事三代主，唯用一好心。”正因为冼夫人有着好心的梦，所以就有了诗和远方。

现如今，随着社会的不断发展，生活压力的不断剧增，有些人逐渐就迷失了，认为金钱才是最重要的，感觉社会的一切活动围绕着金钱在运转，没有金钱，就不能买好的房子、好的车子等等，而这些得到后，真的就幸福了吗?

假如一个人从出生就不用操心钱的问题，而且他的子孙万代都不用操心读书的钱、看病的钱、买房子的钱等等，那这个人有多富裕?那这个人的资产肯定是不计其数。

有一个国家的人民就是这么富裕，他们国家的人民从生到死都由国家负担，人民生活没有多大的压力。这个国家就是瑞典。然而，就在这样一个幸福的天堂，却是世界上自杀率最高的国家之一。

大家知道自杀的原因是什么吗?自杀的原因之一，就是生活太好，导致他们只知道索取，不知道付出，失去了自己在这个社会存在的价值，感觉这个世界有他或没有他都没有什么关系，活着便觉得没有意义。人生最有意义的事情不是在社会得到了什么，而是为社会创造了什么。

十九世纪，世界公认的“石油大王”洛克菲勒给他的孩子写了38封信，其中第1封信就说了上面这段话：给人带来伤害最快捷的途径就是给钱，它可以让人腐化堕落、飞扬跋扈、不可一世，失去最美好的快乐。一个真正快乐的人，是能够享受他的创造的人。那些像海绵一样，只取不予的人，只会失去快乐。

中国有句老话，说“富不过三代”，但是洛克菲勒家族发展到现在已经是第六代了，依然如日中天、独“富”天下。其原因同他的这种教育是分不开的。

在家庭里面，父母对孩子就是一片好心，对孩子的付出总比收获多很多很多，但是从没有去计较过，反而随着时间的推移，回味起来更是满满的幸福感，原来付出得多，收获得少是一种责任，负责任也是一种幸福。

得到再多物质上的享受，刚开始或许会感受到阵阵幸福感，但是时间会让自己越来越感到阵阵空虚。

在社会生活中，我们每个人都不可能独立地存在，必须与他人进行交往。要与他们交往光靠索取是不行的，必须懂得付出。

就如一个人生活在孤岛上，物质上很富有，吃喝玩乐，各种享受都有，但是时间会让他觉得“一点意思”也没有。

撒贝宁在《开讲了》节目中问一名企业家，如果有人愿意用整个青春来换取他的财富，他愿意换吗?

这名企业家直接回答“当然换”，并解释说：“财富有什么用?财富没有可以再挣，青春过去就不会再回来。”

后面又说：“像我们这种财富是社会委托我们，把这个财富经营得更好而已。如果你认为这钱是你的时候，倒霉就开始了。所以，当然愿意换，只是他会后悔。”

确实，如果他没有社会责任感，乱花企业的钱，或者使企业不能为社会带来好的产品和服务，而是带来一些坑害人民利益的东西，那么企业自然而然就不能长久经营下去了。只有是为社会做贡献的企业才能做大做强做得更持久，靠坑蒙拐骗，最终是自取灭亡。

真正让企业家感受到幸福的事情，是像中国政法大学郭继承教授对某华人首富的评价，说他从不关心纸上的财富，他在有生之年只想给这个国家再做点事。这一点和冼夫人的好心精神不谋而合。

其实社会上每个正当的岗位都有其存在的意义，都是社会不可或缺的，并没有高低贵贱之分。无论我们身处什么岗位，赚多少钱，只要尽职尽责，身边的人就会认可，人生一样可以过得很有意义。

这里并不是说不要去赚更多的钱，钱就是坏东西。金钱也是表达爱的一种工具，金钱在拥有一片好心的人手里，会促进社会的巨大进步，在邪恶的人手里，就是他们罪恶的工具。世间享有千金之产，必是千金人物。他们之所以能有伟大的事业，是因为他们对他人、对社会和对国家充满着一片好心。

如今，我们的物质生活远比冼夫人还富有，汽车、电灯、电话对于冼夫人来说，都没享受过，而让冼夫人感受到长久幸福感的是国泰民安，这种幸福感就是来源于一片好心。

生命中的一切美好来自一片好心，世间就是因为处处都有一个好心的梦，生活才会变得如此唯美。所以有梦想，就有诗和远方。

（二）有梦想，就有路和阳光

巴西有一名医生，花费十年时间，调查了583位贪腐的官员和583位廉政的官员。十年跟踪调查的结果是：贪官之中，60%以上患有癌症、脑出血和心肌梗死，且死亡率高达90%以上。特别是福利局的16人，其中15人患有重病，6人猝死。

大家知道在583位廉政的官员中患病率是多少吗？仅仅为16%，且无一死亡。因而得出了“廉洁可以增加寿命”的结论。[①]

道理很明白，那些贪官整天忙于争权夺势的钩心斗角，忙于花天酒地的醉生梦死，经常处于恐惧之中，身体的各个部件被疯狂折腾、严重透支，不过早地发生故障才怪！

---

① 冷志新：《洪昭光：“腐败导致死亡”》，《党建文汇：上半月版》2007年第005期，第30页。

公元512年，冼夫人出生于显赫的首领家庭，其后她又任俚族首领，梁、陈、隋三朝赏赐给冼夫人的财宝无数，冼夫人并不动用，而是将其置于仓库，以备战乱时恤民之用。在公务之余，冼夫人亲自种菜、下厨。冼夫人派遣军队营造的谷仓，自己从不贪占，而是由府衙派人管理经营，其利润用于调节租税、开路修桥、开办学堂、救济贫民。

公元602年，冼夫人去世，她活了90岁，在她那个时代更算高龄。其中有一个重要的原因就是她有一颗好心，这颗好心就是没有偏私，一视同仁，公平待人，这就是她的公正之心，所以一路上她走的都是阳光大道，活得坦然，睡得踏实，自然而然对身体健康有利。

另外，我还要说一件事情就是，廉洁不仅可以养生，还可以让人走得更高更远，因为为官清廉才能赢得人民信任，获得人民的支持。廉则公，只有清正廉洁才能做到公正、公道；廉则明，只有清廉才能明辨是非、光明正大、光明磊落；廉则威，只有为官清廉才能树立威信、威望、威严。

隋开皇十年（公元590年），番禺将领王仲宣举兵反隋，王仲宣围韦洸于广州。冼夫人派自己的孙子冯暄前去讨伐，冯暄途经泷州（今广东罗定）的时候，被叛将陈佛智挡住去路。这个陈佛智与冯暄是老朋友，冯暄念于旧情，按兵不动，贻误战机。听闻消息后，冼夫人毫不犹豫地下令将冯暄抓捕并投于监狱，而后再另派孙子冯盎出战。

在很多人看来，冼夫人作为南越首领，庇护下子孙是轻而易举地，而且是“理所当然”的，但冼夫人对自己亲属和部下的贪腐等违法行为从不姑息纵容。冼夫人提倡“首领有犯法者，虽是亲族，无所纵舍。”自此，政令有序，人莫敢违，冼夫人也赢得了人民群众的信赖和称道。

而与冼夫人截然相反的是番州（今广州）总管赵纳，他自恃皇亲国戚，贪赃枉法、残虐无度，人民怨声载道，最终罪行被冼夫人查实，受到处斩之刑。

假设一下，有一天，突然间，停水了。我们是不是感觉这世界的一切都变了？变得一时让人无所适从。水是这样，电也是如此，原本有的，失去了，就能体会到其存在的真正价值是不可或缺的。生活中的其他一些，诸如工作、自由等等又何尝不是这样？

赵纳虽然通过贪污腐败得到了不少东西，但与其付出的代价相比是微乎其微。冼夫人的浩气英风再次告诉我们，有好心，就有路和阳光。贪污腐败是见不得阳光的，迷失了人生方向的人，注定难以走长久。

（三）有梦想，就有油和海港

在冼夫人年轻的时候，俚人有一个恶习，部落之间喜欢互相攻击掳掠，掳得的人口被当作奴隶卖来卖去，非常残暴。冼夫人的哥哥冼挺也承袭这种恶习，大肆掠夺、损人利己。冼夫人十分反感这种野蛮行径，竭力劝谏。在她的不懈努力下，冼挺改弦更张，放弃了掠夺，转而开展友好往来、互帮互助，为百姓造福。结果是冼家声望昭彰，各方悦服，德名远播，连海南岛上1000多位洞主也纷纷前来归附。这就是海南岛重新加入大陆王朝疆域的来由。

在冼夫人面前，很多叱咤风云的男人给比下去了——秦始皇遣兵50万，最终却无法实现真正的“统治”；孙权伤兵无数，也只落了个名义上的管理者。

冼夫人凭什么彻底地收复了海南？国学经典《大学》中有句话说“道得众，则得国；失众，则失国。”唐代著名政治家、文学家陆贽进一步阐释说，若要治平天下，人心向背是一个决定因素。他基于“民惟邦本，本固邦宁”的传统儒家思想。“得民心者得天下”，这是一条根本的历史规律。

分析一些政党丧失政权的惨痛教训，背离和失去民心是致命根源。苏共在只有20万党员时夺取了政权，发展到200万党员时打败了强大的德军，却在成为有近2000万党员的大党时丢失了政权，其根本原因在于执政后期大搞特权、丧失民心。

而中国共产党从小到大、从弱到强，其根本原因就在于始终坚守人民立场，全心全意为人民服务，因而赢得了广大人民群众的衷心拥护和支持。

解放战争中，攻打郏县时，毛泽东亲自为西北野战军筹粮，找到了郏县的县长，说我们准备三天将郏县拿下来，你得想办法给我们弄三天的粮食。于是，第一天，老百姓把口粮和坚壁清野的粮食拿了出来；第二天，把所有的青苗割了当军粮；第三天，把所有的羊和驴都吃了。老百姓的粮食给部队了，就吃观音土，最后郏县打了下来。郏县县志里有一句话，此仗之后郏县全县三年不见羊和驴。中国解放战争为什么能得到这么多民众的支持？答案就是毛泽东领导的军队在建的是一个试图帮助人民，而不是去剥削人民的政府。

和毛泽东一样的是，冼夫人的好心为南方黎民百姓赢得了长达一个多世纪的和平与安宁，人们因此而安居乐业。一是维护了国家的统一。她“请命于朝，置崖州”，使海南重归中央政权的管辖。二是实现了民族团结。她以博爱谦容之心，施仁政，惩顽劣，恩威并济，促进了俚人、汉人、黎苗族人的和睦相处，社会秩序稳定。三是繁荣了当地经济。她传播中原文化，崇尚礼教思想，传授先进的生产技术，兴修水利，发展生产，使海南人民得以丰衣足食，海南经济得以繁荣。

在海南有 452 座奉祀有冼夫人神躯的庙宇。千百年来，海南人民对冼夫人的热爱和崇拜是发自民间的，是由衷的。在每个重要的节日，海南人家家户户敬请的神就有冼夫人，贴在神位的有冼夫人神符，他们认为，只要心诚，都会得到冼夫人的庇佑。在海南，冼夫人有很多尊称：冼太夫人、谯国夫人、诚敬夫人、圣母娘娘、清福夫人、显应夫人、郡主冼太夫人、懿美夫人、正顺夫人、梁沙婆、儋耳婆等。

希腊神话中的安泰之所以成为大力士，是因为有大地母亲。安泰的敌人将他举到空中，使他脱离大地，便在空中将他杀死了。

冼夫人为什么能收复海南？因为她有人民的支持，她好比安泰，人民群众好比大地，人民给了冼夫人无穷的力量。

同样人民群众是我们党的力量源泉，就好比油和海港，为我们提供源源不断的动力，只要我们始终根植人民、造福人民，不断地从人民群众中汲取智慧和力量，我们就能永远立于不败之地，而永葆青春与活力。

三、成就梦想

怎么样实现世界大同的梦想呢？习近平新时代中国特色社会主义思想顺应和平、发展、合作、共赢的时代潮流，推动构建人类命运共同体，为实现世界大同作出重大贡献。它是新时代顺利前行的思想灯塔和行动指南。我们要以新思想引领我们前行，在新时代的浪潮中乘风破浪。

（一）认识新思想的内涵

习近平新时代中国特色社会主义思想对马克思列宁主义、毛泽东思想、邓小平理论、“三个代表”重要思想、科学发展观既继承又发展，在多个方面具有理论创新，主要体现在“4个新”。

一是进入新时代。经过长期努力，中国特色社会主义进入了新时代，这是中国发展新的历史方位。“新时代”是对中国特色社会主义经济、政治、文化等方面状况发生重大变化的新概括。首先，进入新时代的客观依据是，我国经济实力、科技实力、国防实力、综合国力逐步进入世界前列；我国国际地位实现前所未有的提升；党的面貌、国家的面貌、人民的面貌、军队的面貌、中华民族的面貌发生了前所未有的变化；我国社会主要矛盾发生转化等。其次，进入新时代的含义：是在新的历史条件下继续夺取中国特色社会主义伟大胜利的时代，是决胜全面建成小康社会、进而全面建设社会主义现代化强国的时代，是全国各族人民不断创造美好生活、逐步实现全体人民共同富裕的时代，是全体中华儿女奋力实现中华民族伟大复兴中国梦的时代，是我国日益走近世界舞台中央、不断为人类作出更大贡献的时代。可以说，作出中国特色社会主义进入新时代的重大判断，意味着近代以来久经磨难的中华民族迎来了从站起来、富起来到强起来的伟大飞跃；意味着科学社会主义在21世纪的中国焕发出强大生机活力；意味着为解决人类问题贡献中国智慧和中国方案。从过去的“新时期”，到现在的“新时代”是一个重要创新。

二是有了新矛盾。中国特色社会主义进入新时代，我国社会主要矛盾已经转化为人民日益增长的美好生活需要和不平衡不充分的发展之间的矛盾。这是对我国社会主要矛盾的新表述。从党的八大指出国内的主要矛盾是人民对于经济文化迅速发展的需要同当前经济文化不能满足人民需要的状况之间的矛盾，到党的十一届六中全会指出，我国所要解决的主要矛盾是人民日益增长的物质文化需要同落后的社会生产之间的矛盾，再到党的十九大阐明我国社会主要矛盾发生的重大变化，充分彰显了我们党不断顺应时代变化，善于抓住主要矛盾、解决突出问题的实践和理论品格。

必须看到，我国社会主要矛盾的变化是关系全局的历史性变化，对党和国家工作提出了许多新要求。矛盾是事物发展的根本动力，而人的需要是人类社会发展的原初动力。明确新时代我国社会主要矛盾是人民日益增长的美好生活需要和不平衡不充分的发展之间的矛盾，这有助于准确把握中国经济社会发展的新特点，坚持以人民为中心的发展思想，不断促进经济社会发展和人自身的全面发展。这一重大政治判断，是运用辩证唯物主义和历史唯物主义的世界观方法论，对社会主要矛盾新变化的新论断，其准确把握了新时代的脉搏和回应了人民的现实呼声。

三是制定新目标。习近平总书记提出了新的奋斗目标：在全面建成小康社会的基础上分两步走，在本世纪中叶建成富强民主文明和谐美丽的社会主义现代化强国。即：第一个阶段，从 2020 年到 2035 年，在全面建成小康社会的基础上，再奋斗十五年，基本实现社会主义现代化。第二个阶段，从 2035 年到本世纪中叶，在基本实现现代化的基础上，再奋斗十五年，把我国建成富强民主文明和谐美丽的社会主义现代化强国。这就明确了坚持和发展中国特色社会主义，总任务是实现社会主义现代化和中华民族伟大复兴，在全面建成小康社会的基础上，分两步走在本世纪中叶建成富强民主文明和谐美丽的社会主义现代化强国。习近平总书记在党的二十大报告中进一步指出：“从现在起，中国共产党的中心任务就是团结带领全国各族人民全面建成社会主义现代化强国、实现第二个百年奋斗目标，以中国式现代化全面推进中华民族伟大复兴。中国式现代化，是中国共产党领导的社会主义现代化，既有各国现代化的共同特征，更有基于自己国情的中国特色。中国式现代化是人口规模巨大的现代化，是全体人民共同富裕的现代化，是物质文明和精神文明相协调的现代化，是人与自然和谐共生的现代化，是走和平发展道路的现代化。”党的二十大召开后的未来五年是全面建设社会主义现代化国家开局起步的关键时期。

四是实施新方略。习近平总书记提出了新时代坚持和发展中国特色社会主义的基本方略。这包括坚持党对一切工作的领导、坚持以人民为中心、坚持全面深化改革、坚持新发展理念、坚持人民当家作主、坚持全面依法治国、坚持社会主义核心价值体系、坚持在发展中保障和改善民生、坚持人与自然和谐共生、坚持总体国家安全观、坚持党对人民军队的绝对领导、坚持“一国两制”和促进祖国统一、坚持推动构建人类命运共同体、坚持全面从严治党等十四个方面。党的十九大、十九届六中全会提出的“十个明确”“十四个坚持”“十三个方面成就”概括了习近平新时代中国特色社会主义思想的主要内容。

如果说，“十个明确”提供了新时代中国特色社会主义的指导思想的话，那么，“十四个坚持”基本方略的提出，则为新时代如何坚持和发展中国特色社会主义提供了行动纲领。

（二）了解新思想的意义

习近平新时代中国特色社会主义思想源于实践又指导实践。在领导全党全国推进党和国家事业的实践中，习近平总书记以马克思主义政治家、理论家的深刻洞察力、敏锐判断力和战略定力，提出了一系列具有开创性意义的新理念新思想新战略，为习近平新时代中国特色社会主义思想的创立发挥了决定性作用、作出了决定性贡献。

一是开辟了马克思主义新境界。习近平新时代中国特色社会主义思想贯穿改革发展稳定、内政外交国防、治党治国治军各个领域，实现了马克思主义基本原理与中国具体实际相结合的又一次飞跃，是21世纪马克思主义，是马克思主义中国化最新成果，为发展马克思主义作出了中国的原创性贡献，在马克思主义中国化时代化进程中具有里程碑意义。

二是开辟了中国特色社会主义新境界。习近平新时代中国特色社会主义思想把中国特色社会主义和实现社会主义现代化、实现中华民族伟大复兴有机贯通起来，深刻回答了新时代坚持和发展中国特色社会主义的一系列重大问题，为中国特色社会主义注入了新的科学内涵，进一步彰显了新时代中国特色社会主义的蓬勃生机和活力。

三是开辟了治国理政新境界。在习近平新时代中国特色社会主义思想指引下，我们党团结带领人民推动党和国家事业发生了全方位、开创性、深层次、根本性的历史性变革，解决了许多长期想解决而没有解决的难题，办成了许多过去想办而没有办成的大事，我国经济实力、科技实力、国防实力、综合国力、国际影响力和人民获得感显著提升，党的面貌、国家的面貌、人民的面貌、军队的面貌、中华民族的面貌发生了前所未有的变化。

四是开辟了管党治党新境界。遵循习近平新时代中国特色社会主义思想，我们党以坚定决心、顽强意志、空前力度推进全面从严治党，以上率下改进作风，雷霆万钧惩治腐败，利剑高悬强化监督，刹住了一些过去被认为不可能刹住的歪风，纠治了一些多年未除的顽瘴痼疾，消除了党、国家、军队内部存在的严重隐患，党内政治生活气象更新，积极健康的党内政治文化得到弘扬，党内政治生态明显好转，党的创造力、凝聚力、战斗力和领导力、号召力显著增强，党的团结统一更加巩固，党群关系明显改善，党在革命性锻造中更加坚强，焕发出新的强大生机活力。

（三）践行新思想的精神

中国共产党第二十次全国代表大会于2022年10月16日至10月22日在北京召开。如今，红船驶进新时代，在新时代长征路途中，就要以信念为帆、以民意为图、以学习为伴、以实干为桨，推进新时代红船乘风破浪。

一是以信念为帆，矫正行驶航向。1921年盛夏，13名来自全国各地的有志之士，冒着被逮捕的危险，由上海法租界转移至浙江嘉兴南湖红船上召开中共一大会议。中国共产党人从此不管风吹浪打，不怕急流险滩，始终坚定共产主义理想信念，从嘉兴启航，驶向井冈山，驶向延安，驶向西柏坡，驶向全中国，从只有50多人的小党变成了如今拥有近1亿人的世界第一大党。中国也因为这个党的诞生从一穷二白的落后局面到成为全球第二大经济体。

苏联共产党放弃了理想信念，所以执政69年后便瓦解。可见理想信念动摇是最危险的动摇，理想信念滑坡是最危险的滑坡。“志不立，天下无可成之事。”在任何时候、任何情况下，我们都要始终坚持共产主义理想信念，保持正确的政治立场和政治方向，严守政治纪律，在思想上、政治上、行动上与党中央保持高度一致，做到任凭风浪起、稳坐钓鱼船，从容应对各种复杂局面，牢牢掌握正确的政治方向。

二是以民意为图，精确导航路径。党的一大会议最后在红船上通过的纲领，明确提出了“由劳动阶级重建国家”，表明中国共产党从一开始就是一个立志于维护人民利益的政党，是代表中国最广大人民利益的政党。

1934 年 11 月，3 名女红军路过沙洲村，借宿徐解秀老人家中，临走时，把她们仅有的一床被子剪下一半留给老人。“半条被子”的故事是“党群血肉相融、军民鱼水情深”的印证，是中国共产党“为什么能”的生动注脚。

我们党的根基在人民、血脉在人民、力量在人民。中国共产党人的初心和使命，就是为中国人民谋幸福，为中华民族谋复兴。我们要始终保持党同人民群众的血肉联系，践行党全心全意为人民服务的根本宗旨，与人民同舟共济，人民哪里需要我们，我们就到哪里去，想人民之所想、急人民之所急、解人民之所困。

三是以学习为伴，充实动力能源。如今，南湖上那一叶承载梦想的小舟变成了劈波斩浪的一艘巨轮，面对的暗礁、潜流、漩涡会越来越多，要让红船行驶得更快、更稳、更远，就必须识得水性。只有深化学习，才能“识得水性”；只有掌握了破解难题的“钥匙”，才能做到科学决策，避免失误。

习近平新时代中国特色社会主义思想，内涵丰富、思想深邃，是党的意志、国家意志、人民意志的集中体现，是马克思主义中国化最新成果，是中国特色社会主义理论体系最新发展，为我们在新的历史起点上夺取新时代中国特色社会主义伟大胜利，实现中华民族伟大复兴提供了科学指南和基本指引。

我们要把学习习近平新时代中国特色社会主义思想作为工作中不可缺少的习惯，全面、系统、深入地进行学习，其次要把学习成果切实运用到工作实践中，并在实践中探索总结提炼有效经验，最终转换为实现中华民族伟大复兴的强劲动力。

四是以实干为桨，提高航行效率。党的二十大是在全党全国各族人民迈上全面建设社会主义现代化国家新征程、向第二个百年奋斗目标进军的关键时刻召开的一次十分重要的大会。新征程的奋斗蓝图已经为我们展开。

开天辟地、敢为人先的首创精神是“红船精神”的核心，这就要求我们在新的征途有敢为人先的闯劲。面对当前复杂多变的国际国内形势和艰巨繁重的改革发展稳定任务，我们仍然要保持这一首创精神，继续拿出逢山开路、遇水架桥的闯劲，勇于变革，勇于创新，夺取新征程上的更大胜利。

坚定理想、百折不挠的奋斗精神是“红船精神”的灵魂，这就要求我们在新的征途有逆水行舟的韧劲。我们的事业是成就人民幸福的伟业，成就民族富强的伟业。面对艰难困苦，我们更需要艰苦奋斗，脚步不歇，前行不止，以永不懈怠的精神状态和一往无前的奋斗姿态，向着全面建设社会主义现代化国家的目标奋勇前进。

立党为公、忠诚为民的奉献精神是“红船精神”的本质。这就要求我们在新的征途有水滴石穿的钻劲。面对新时代中国特色社会主义新要求，全党要牢记宗旨、不忘初心，永远把人民对美好生活的向往作为奋斗目标，久久为功，持续用力，让人民的获得感、幸福感、安全感更加充实、更有保障、更可持续。

9 在学党史中传承红色基因

习近平总书记在党的二十大报告中提到了“弘扬伟大建党精神”，回顾和重温党的光辉历史，不仅能够让我们倍加珍惜来之不易的伟大成就，而且能够为全面建设社会主义现代化国家、实现民族复兴伟大梦想注入强劲精神动力。要学习好党史，就要知道“为什么学”，还要了解“学什么”，更要清楚“怎么学”。

一、学习党史，就要知道“为什么学”

习近平总书记指出：“党的历史是最生动、最有说服力的教科书。”学习党史方能初心如磐、学习党史方能凝心聚力、学习党史方能砥砺前行。

（一）知党史方能初心如磐

一百多年前的中国可以说是各种灾难的大合集。1921 年，明确记载的地震就达 10 次。水灾、旱灾、火灾和鼠疫连接不断。数灾俱全，民生涂炭。国内四分五裂，国际关系也一片艰难。清政府灭亡后军阀四起，民不聊生。

当时的中国人民有很多选择，除中国国民党之外，还有共和党、自由党、大同民党、中国青年党等大大小小 300 多个政党。这些政党团体主张不同、行事各异，但对于实现民族解放、国家独立都无能为力。泱泱大国出路在哪里？中华民族希望又在哪里呢？就在这个历史关头，中国共产党登上政治舞台。

一开始没有多少人看好中国共产党。1921 年 7 月中共一大召开，13 名平均年龄仅 28 岁的代表出席会议，代表全国 50 多名党员。这个规模和年龄，更像一个大学社团。可中国共产党就是从这一群人开始，短短 20 多年推翻了三座大山，建立了新中国。

为什么中国共产党能做到？答案就在人心。在中国几千年农业社会中，土地是生存之本。1936 年，毛泽东对美国记者斯诺说：

“谁赢得了农民，谁就会赢得中国。谁解决土地问题，谁就会赢得农民。”

孙中山先生先后提出了“平均地权”的主张与“耕者有其田”的理念，但直到他去世也没有实现。蒋介石领导的国民政府也没有实现。1948年，国民党在大陆的最后一次国民大会上，有人提出，若再不重视农村土地问题，政权将岌岌可危。但为了不触动地主的利益，多数国民党中央委员坚决反对。从这里就可以看出来，国民政府的统治依然是地主阶级和买办性的大资产阶级的统治，同北洋军阀的统治没有本质的区别。

真正实现“耕者有其田”，只有中国共产党。我们党在土地革命战争时期就颁布了《井冈山土地法》，1947年又颁布了《中国土地法大纲》，这些土地政策的制定和执行，让亿万翻身农民迸发出了难以估量的热情。他们踊跃参军，河北省平山县土改后，王震将军振臂一呼：“保卫胜利果实！”一次就1500人参军，组成著名的三五九旅平山团，一直打到新疆。

他们还当起了支前民工。支前民工有效解决了人民军队的补给问题。据统计，淮海战役后期，支前民工与士兵的比例达到9:1。陈毅满怀深情地说：“淮海战役的胜利，是人民群众用小车推出来的。”

纵观历史，与其说是中国共产党赢得了政权，不如说是历史选择了中国共产党、是人民选择了中国共产党。读懂了这段历史，才能读懂习近平总书记说的“江山就是人民，人民就是江山”，才能读懂中国共产党“为中国人民谋幸福，为中华民族谋复兴，为世界谋大同”的初心与使命。

（二）知党史方能凝心聚力

清代龚自珍说：“灭人之国，必先去其史。”一个没有历史记忆的民族是没有前途的，一个历史虚无主义盛行的社会将没有明天。

一段时间以来，一些人试图改变历史共识、颠覆英雄形象。他们说，火烧邱少云违背生理学，黄继光堵枪眼违背物理学，雷锋是自拍狂魔，刘胡兰是被乡亲所杀，张思德是烧鸦片时窑塌致死……似乎民族英雄是“美化出来的”，中国的历史必须“重新评价”。

如果一个国家的精神脊梁真的被打断了，它还会有未来吗？1942年，一个名叫卓娅的苏联女孩因放火烧毁德国法西斯军队马厩而被德军处死。临刑前，刚刚十八岁卓娅毫无畏惧，不断高喊：“斗争呀！别胆怯！最后胜利一定是我们的！”当时，德国法西斯军队已经快打到这个国家的心脏——莫斯科。苏联战士呼喊着为卓娅复仇的口号冲向德军阵地，使整个战局由此而发生了逆转，并使苏联军队终于战胜了强大的敌人，为世界反法西斯战争做出了巨大的贡献。

卓娅挽救了苏联，也挽救了整个世界。1942年2月16日，卓娅被追授“苏联英雄”的称号，并激励着一代又一代的苏联人民为保卫祖国而献身。[①]

如果有一天，这种记忆与精神被歪曲瓦解，这个国家未来会怎样？20世纪八九十年代，也就是卓娅牺牲四十多年后，苏联掀起了一股“重读历史”的歪风。一些败类们造谣说：卓娅烧掉的不是德军的马厩和草料，而是村民的木板房，于是愤怒的村民抓住了她并扭送德军惩处，

---

① 李吉明：《警惕：抹黑历史意在颠覆信仰！》，人民网，http://opinion.people.com.cn/n/2015/0825/c1003-27515678.html.

甚至还造谣说卓娅是精神病。不仅是卓娅，那个时期，苏联历史上的英雄模范几乎都遭到了歪曲和抹黑。1991 年 12 月 25 日，西方国家欢庆圣诞之时，苏联红旗落地。麾下拥有 400 万军队、手握核武器的超级大国就此灰飞烟灭。

2013 年 1 月 5 日，习近平总书记在新进中央委员会的委员、候补委员学习贯彻党的十八大精神研讨班上指出："苏联为什么解体？苏共为什么垮台？一个重要原因就是意识形态领域的斗争十分激烈，全面否定苏联历史、苏共历史，否定列宁，否定斯大林，搞历史虚无主义，思想搞乱了，各级党组织几乎没任何作用了，军队都不在党的领导之下了。最后，苏联共产党偌大一个党就作鸟兽散了，苏联偌大一个社会主义国家就分崩离析了。这是前车之鉴啊！"

当年德国侵略法兰西时就是这么干的，日本在东北沦陷区也是这么干的，美国的历届政要人物，也都是一直奉行对社会主义国家实行"和平演变"的战略的。虽然随着客观形势的变化，他们对"和平演变"的提法有所不同，但其实质都是一样的。

习近平总书记指出："要旗帜鲜明反对历史虚无主义，加强思想引导和理论辨析，澄清对党史上一些重大历史问题的模糊认识和片面理解，更好正本清源、固本培元。"所以，对于中国公民来说，我们一定要高度重视，敢于坚持我们应该坚持的东西，尊重我们的历史、我们的英雄、我们的成就，中国绝不能重演苏联的悲剧。

（三）知党史方能砥砺前行

"以史为鉴，可以知兴替。"读懂了先辈走过的路，我们就能更加明确应该往哪里去，怎样才能走得更加坚定、自信。

从一段时间的香港修例风波到三年时间的全球抗疫斗争，以及贯穿近几年的中美贸易战、科技战，处处浮现美国等西方反华势力妄图寻机封锁、制裁、孤立中国，干涉中国内政，遏制中国发展的魔影。各种言论甚嚣尘上，鼓劲的有之，泄气的有之，绝望的有之，但依旧有更多的人选择了相信国家，因为一个又一个的历史告诉我们，中国人是不怕封锁的。

40 年代初，日本帝国主义扩大“三光政策”，国民党又对陕甘宁边区实行军事包围、经济封锁，“不准一斤棉花、一粒粮食、一尺布”进入边区，边区经济遭遇前所未有的困难，中国共产党带领人民坚持自力更生、艰苦奋斗，通过多种手段来发展经济，不仅成功地克服了困难，还从困难走向了胜利，成立了新中国。

新中国成立初期，我们吃不饱穿不暖，人才、资金、技术、设备，甚至最基本的工业基础都没有，工业原料极其缺乏的情况下，别人封杀我们的核武器技术，封杀我们的核潜艇技术，我们硬是凭着一股劲，憋着一股气，搞出了原子弹，搞出了最好构型的氢弹，搞出了战略核潜艇。

改革开放后，别人从来没有停止过对我们的封杀，结果如何呢？第一是封杀高铁技术。结果：我们高铁独步天下，无人可及。第二是永久封杀中国参与国际空间站项目核心领域。结果：我们将成为世界上唯一一个拥有太空站的国家，届时国际空间站会因寿命到期坠毁。第三是封杀四代战机技术。结果：我们研制出全球唯一的鸭翼超音速巡航隐身战机并投入使用。第四是美国对华封杀物理振动实验平台。结果：我们自主研发的物理振动实验平台对美国反向封杀。

毛泽东同志说："封锁吧，封锁吧，再封锁十年八年，中国的问题就都解决了！"当年的中国尚且不怕，今天的中国已成长为世界第二大经济体。这样的祖国，更不会惧怕任何人的挑衅，我们受过的伤，只会成为我们的勋章。

在整个高科技工业领域，没有被封杀的主要有两个，结果如何呢？一是没有封杀民用航空器后，国内市场几乎全部沦陷。二是没有封杀汽车发动机后，路上看到的汽车，百分之七八十是外国品牌，国产自主品牌汽车拼死冲杀，伤痕累累、气喘吁吁，在夹缝中仅挤出一点点的生存空间。

历史事实证明：只有被别人封锁过的东西，我们才会变得强大，强大到足以令自己自豪，令封锁者无地自容。而没经过封锁的东西，由于惰性的作用，进步很小，以致长期被别人控制。

习近平指出："今天，我们回顾历史，不是为了从成功中寻求慰藉，更不是为了躺在功劳簿上、为回避今天面临的困难和问题寻找借口，而是为了总结历史经验、把握历史规律，增强开拓前进的勇气和力量。"在陷入迷茫的时候，学习党史，能让历史的光芒穿透重重迷雾，照进现实，指引我们前行的道路。

二、学习党史，还要了解"学什么"

习近平总书记在党史学习教育动员大会上的讲话指出："开展党史学习教育要突出重点。"学习党史就是要学习在感情上，百年的一往情深；在思想上，百年的一以贯之；在干事上，百年的一往无前。

（一）在感情上，百年的一往情深

一百多年来一往情深的是对党的恩情、对国家的深情、是对人民的感情。

首先是对党的恩情。中国共产党自从1921年成立至今，走过了一百多年坎坷而光辉的道路。一百多年来，中国共产党始终代表中国先进生产力的发展要求，代表中国先进文化的前进方向，代表中国最广大人民的根本利益，为实现中华民族的伟大复兴指明了方向。一百多年风雨兼程，一百多年岁月如歌，在中国共产党的领导下，全国各族人民艰苦奋斗，推翻了三座大山的压迫，建立了新中国。一百多年过去，中国却早已不是当年的中国，今天的中华民族，迎来了从站起来、富起来到强起来的伟大飞跃。

1939年秋冬，杨靖宇在“反讨伐”作战中，最后只身一人与敌周旋5昼夜，直至弹尽粮绝，壮烈牺牲。残忍的日军将其割头剖腹，发现他的胃里净是枯草、树皮和棉絮，无一粒粮食。在28年的革命历程中，为民族独立、人民解放，无数共产党员抛头颅、洒热血，天大地大不如党的恩情大。

其二是对国家的深情。2021年12月21日，外交部发言人赵立坚主持例行记者会说：“我可以给大家几个更触目惊心的数字。过去20年，美军在其他国家发动了超过9万次空袭，导致大约4.8万名平民丧生。仅在美军对叙利亚拉卡市发动的所谓‘史上最精确的空袭’就炸死了1600名平民。美军的子弹、炸药和导弹，夺走了数以万计的无辜生命，让数十万人流离失所。”

新冠肺炎疫情暴发以来，在国内层面，美国前政府刻意淡化疫情风险，发布虚假信息误导民众，致使疫情防控“黄金窗口期”白白浪费。两党之间以及联邦与各州政府之间围绕防控措施和纾困方案相互抵牾，致使大量民众生命流逝、弱势群体处境举步维艰。美国前政府为转移压力将疫情污名化，使得美国针对亚裔的种族歧视和仇恨犯罪现象暴增。调查显示，2020 年，全美针对亚裔的仇恨犯罪案件数上升了 76%，四分之一的美国亚裔年轻人成为种族歧视和欺凌的目标。

在国际层面，美国一边忙着甩锅推责，一边炮制各种阴谋论，将疫情政治化、武器化，对国际抗疫和溯源合作造成了极大干扰和破坏。在疫情背景下，美国对伊朗、古巴、委内瑞拉、叙利亚等国的单边制裁有增无减，致使这些国家难以及时获得抗疫所需医疗物资和人道主义援助，为这些国家抗击疫情增加了人为障碍。

海外水深火热，风景中国独好。我国在疫情防控和经济恢复上都走在世界前列，充分彰显了中国共产党领导和我国社会主义制度的显著政治优势。2021 年 2 月 25 日，习近平庄严宣告："经过全党全国各族人民共同努力，在迎来中国共产党成立一百周年的重要时刻，我国脱贫攻坚战取得了全面胜利……"

目前，我国已经成为世界第二大经济体，科技创新成就斐然，人民生活水平显著提高，在国际舞台上扮演着越来越重要的角色。而且我们的中国拥有五千年悠久的历史文化。四大发明震惊世界，四大名著文采飞扬，唐诗宋词如歌如画。那一个个刚劲有力的方块字，正代表着我们祖国的悠久文化，民间皮影、剪纸、糖人、泥人更是惟妙惟肖，令人惊叹不已。我们没有理由崇洋媚外，不热爱自己的国家。

习近平总书记指出："爱国，是人世间最深层、最持久的情感。"

人们常说，做人要有气节、要有人格，气节也好，人格也好，爱国是第一位的。我们要努力做到“以身许党许国”，从现在做起，从本职岗位做起，把爱国之情、报国之志融入实现中华民族伟大复兴的中国梦。

其三是对人民的感情。1934 年 11 月上旬，红军突破国民党第二道封锁线后，三名女战士与中央红军卫生部走散了，迷失了方向，在寒冷的冬天，她们饥寒交迫，筋疲力尽，来到了沙洲村，敲开了一间破茅草屋，这个家一贫如洗，但女主人徐解秀倾其所有，为他们准备了一顿粗茶淡饭，还用楠竹扎成床架，床上的破席下面垫着稻草。男主人则在门口的草垛上守护着她们一晚上。

女战士们的眼睛湿润了。临走时，她们决定把唯一的一条被子送给徐解秀夫妇，但夫妇俩说什么也不肯接受。三个红军姑娘不由分说地把被子往床上一扔，抽身就往外跑，徐解秀赶紧抱起被子，拼命地又追了出去，她们在村口把被子推过来又推过去，僵持不下，这时一个红军姑娘从背包中摸出一把剪刀，坚定地把一条被子剪成了两半。

她们拉着徐解秀的手哽咽着说：“大姐，这下你可别推了，这半条你就收下吧，等革命胜利了，我们还会回来看您的。”徐解秀颤抖着双手接过这半条被子，一句话也说不出，泪水唰地流了下来。①

党把人民利益放在第一位，为人民谋解放，人民跟党走，无私奉献，党和人民水乳交融。习近平总书记在梁家河度过 7 年的青春岁月，离开梁家河 40 多年来，习近平先后四次给梁家河村回信表达惦念之情，

① 《半床棉被诉说 80 多年前的军民情》，《实践：党的教育版》2016 年第 11 期，第 51 页。

也曾亲自回去看望陕北的乡亲们。习近平曾说："我永远不会忘记梁家河，永远不会忘记父老乡亲，永远不会忘记老区人民。"我们要时刻牢记习近平总书记所说的："人民是我们党执政的最大底气，是我们共和国的坚实根基，是我们强党兴国的根本所在。"

（二）在思想上，百年的一以贯之

一百多年来一以贯之的是马克思主义的立根固本、实事求是和自我革命。

首先是立根固本。习近平总书记多次强调要立根固本，并多次引用"万物得其本者生，百事得其道者成""本根不摇，则枝叶茂荣"的古语。共产主义理想信念是共产党人的根和本。

在一百多年波澜壮阔的历史进程中，我们党之所以能够经受一次次挫折而又一次次奋起，取得一个又一个胜利，为中华民族作出彪炳史册的伟大贡献，归根到底是因为我们党有能够团聚起亿万人民群众共同奋斗的远大理想和崇高追求。一百多年来，共产主义远大理想激励了一代又一代共产党人英勇奋斗，为我们党排除万难、重见曙光提供了强有力的精神支撑。

习近平总书记说："理想信念就是共产党人精神上的'钙'，没有理想信念，理想信念不坚定，精神上就会'缺钙'，就会得'软骨病'。"理想信念从来不是一句空洞的口号，总是体现在习近平总书记工作和生活的点点滴滴上。

习近平总书记在梁家河村的七年，他同乡亲们一起挑粪拉煤，一起拦河打坝，一起建沼气池，一起吃玉米"团子"……他跟社员一起用挑子挑着羊粪和牛粪往山上送，扁担把他的肩膀磨得一层一层掉皮、出血，就用衣服垫着继续挑；他顶着炎炎烈日在地里割麦锄草，身上都晒红了，之后又蜕皮、仍然坚持活不干完不休息；他带领社员打井，率先跳到冰面上，用镐头使劲地挖残冰冻土。他带领群众治沟打坝、植树造林、办铁业社、办缝纫社、办代销点、办磨坊，各项工作开展得有声有色，件件事办到群众的心坎上。

心中有信仰，脚下有力量。正因为青年习近平已经把理想信念深深地内化于心，并外化成“敢为人先、坚持到底、不辞辛苦”的昂扬斗志，体现在带领乡亲们干事创业的实践中，他才能“干一件成一件，没有哪件事情是半途而废的，无论遇到什么困难，他都能想办法克服”。

坚定的理想信念，支撑了一代代中国共产党人为人民、为国家、为民族前赴后继的奋斗，成为中国人民从站起来到富起来再到强起来的巨大动力，也由此成为我们党百年历程中最宝贵的红色基因。

历史已经翻开了崭新篇章，习近平总书记这一代人的上山下乡早已成为“过去的故事”，但他和无数像他一样不懈奋斗的中国共产党人所展现的那种坚定的理想信念，却是历久弥新、久而弥坚，始终闪耀着火热的光芒。

其二是实事求是。1917 年俄国十月革命一声炮响，给中国送来了马克思主义，我们学习马克思主义，但是反对本本主义，如果照搬照抄是什么结果呢？

在遵义会议之前，以王明为首的中共领导人以“本本”来检验真理，一味照搬照抄马克思主义，试图以苏俄“十月革命”的经验来指导中国的革命实践，差点给中国革命带来灭顶之灾。

马克思说：“思想一旦离开利益，就会使自己出丑。”同样，思想一旦离开实事求是，也会使自己出丑。背离实事求是、机械地强调维护党的理论的正确性、权威性，那是教条主义、本本主义，是我们党的大敌、人民的大敌。

历史上我们党犯下的错误，大都与背离实事求是有关。我们党领导人民取得的辉煌业绩，都是以实事求是的态度运用科学理论指导实践的结果。

工农是党的主心骨和革命生机力量，这一阶级阶层分析是实事求是的，农村包围城市，最后夺取全国胜利的革命道路，这是用血的教训换来的实事求是，毛主席在党中央的核心地位是在实践中逐步形成的。在大革命时期、土地革命战争时期、全民族抗日战争时期、解放战争时期，党实事求是地分析判断形势任务、科学制定战略策略，艰难地从一个革命走向另一个革命，欣喜地取得一场又一场革命胜利。

1992 年初，邓小平在武昌、深圳、珠海、上海等地视察期间发表重要谈话。在谈话中，他指出："实事求是是马克思主义的精髓。要提倡这个，不要提倡本本。我们改革开放的成功，不是靠本本，而是靠实践，靠实事求是。"有了实事求是，真理的武器才能找到发挥其威力的靶标，人民才能找到汇聚释放伟力的科学方法，人间奇迹才能真正创造出来。

实事求是这一把密钥，是中国共产党之所以"能"的锐利武器。习近平总书记深刻指出："实事求是，是马克思主义的根本观点，是中国共产党人认识世界、改造世界的根本要求，是我们党的基本思想方法、工作方法、领导方法。"我们要把习近平总书记"坚持用唯物史观来认识历史，坚持实事求是的思想路线，分清主流和支流，坚持真理、修正错误，发扬经验、吸取教训"的要求落到实处。

其三是自我革命。马克思主义政党要保持先进性和纯洁性，实现崇高使命，必须勇于自我革命。勇于自我革命，是我们党永葆生机活力的动力源泉，是我们党近百年来奋斗历程的经验结晶。

习近平总书记指出："勇于自我革命，是我们党最鲜明的品格，也是我们党最大的优势。中国共产党的伟大不在于不犯错误，而在于从不讳疾忌医，敢于直面问题，勇于自我革命，具有极强的自我修复能力。"

百年党史，站在历史的正确一边不断前行，我们党至少有六次具有里程碑意义刀刃向内的自我革命。

第一次是1927年8月的八七会议。中国共产党成立后不久，第一次与国民党合作，投入到轰轰烈烈的大革命运动中，但由于缺乏革命斗争经验，没有把握军事领导权。结果蒋介石、汪精卫集团相继背叛革命，屠杀大量革命群众和共产党人。在大革命面临失败的紧要关头，党中央在湖北汉口召开会议，检讨党的工作，批判大革命后期右倾机会主义错误，确立了实行土地革命和武装起义的总方针。

第二次是1935年1月的遵义会议。中央红军第五次反"围剿"遭受严重挫折，湘江战役伤亡空前惨烈。中央政治局在贵州遵义召开扩大会议，结束了王明"左"倾冒险主义在中共中央的统治，毛泽东被增选为中央政治局常委，实际确立了以毛泽东为代表的新的中央领导。

第三次是1941年5月的延安整风运动。遵义会议后，党从军事上、政治上纠正了王明"左"倾错误，但一直没有来得及从思想上系统地彻底清算这种错误。这次整风运动为制定《关于若干历史问题的决议》、确立毛泽东思想为党的指导思想奠定了理论基础，也为夺取抗日战争的胜利和新民主主义革命在全国的胜利奠定了政治基础。

第四次是 1949 年 3 月的七届二中全会。谋划筹建新中国时，毛泽东提出务必继续地保持谦虚、谨慎、不骄、不躁的作风，务必继续地保持艰苦奋斗的作风的思想，作为执政警钟。开启了从严治党、清廉治国的良好风气。

第五次是 1978 年 12 月的十一届三中全会。全会开始实现从“两个凡是”到解放思想、实事求是，从以阶级斗争为纲到以经济建设为中心，从僵化半僵化、封闭半封闭到对外开放的历史性转变。

第六次是 2012 年 11 月的十八大。开启的全面从严治党新征程，党中央严肃查处了从中央到地方一批腐败变质的领导干部和重大案件，反腐败斗争取得压倒性胜利。它在理论上将对党的建设规律认识提到新高度，在实践上深得党心民心，更加巩固了执政基础。

我们党拥有近 1 亿名党员，正如习近平总书记所说：“我们党作为世界第一大党，没有什么外力能够打倒我们，能够打倒我们的只有我们自己。”党的前途命运都掌握在自己手上，要兴党强党，保证党永葆生机活力，就必须实事求是地认识和把握自己，以勇于自我革命的精神打造和锤炼自己，刀刃向内的自我革命永远在路上。

（三）在干事上，百年的一往无前

一百多年来一往无前的是忠诚、正派、务实。

首先是忠诚。2020 年 1 月，突如其来的新冠肺炎疫情席卷而来，全国人民的生命健康受到严重威胁。在疫情蔓延的关键时刻，以习近平同志为核心的党中央总揽全局、协调各方，科学防治、精准施策，带领全党全国人民打赢了一场规模空前的疫情防控人民战争，从这场阶段性的胜利可以感受到，在当今世界潮流下，增强“四个意识”、坚定“四个自信”、做到“两个维护”是我国在发展过程中战胜一切艰难险阻的制胜法宝。

反观部分国外政府，在疫情已经蔓延开来的情势下，还在瞻前顾后把精力放在算计短期经济利益和个人政治利益得失的小局上，视人民生命健康于不顾，不采取果断措施，最终自食苦果、人民遭殃，与我国形成了鲜明的对比，这也是顾“大局”与顾“小局”的巨大差异。

部分标榜民主自由的资本主义国家，在疫情防控上出现了中央政府与地方政府政策无法协调一致、防疫预算在议会扯皮迟迟无法到位、甚至中央政府与地方政府互相截胡物资等乱象，导致疫情防控错失时间窗口。

有些国家的国民排斥歧视甚至殴打佩戴口罩做好自我防护的人，毫无防护措施地聚集一起吃饭娱乐、高举示威标语集会要求个人自由，对比之下我们有充分的理由保持道路自信、制度自信、理论自信、文化自信。

此次新冠肺炎疫情是对我们党治国理政能力的一次考验，也是对我们中国特色社会主义道路、制度、理论及文化的一次检验，目前的抗疫阶段性胜利告诉全世界，我们经受住了考验，也让我们深刻认识到在未来实现中华民族伟大复兴的道路上，牢固树立“四个意识”、坚定“四个自信”，做到“两个维护”是我们披荆斩棘、破解一切内外部挑战的重要法宝。

其二是正派。正派就是要始终牢记自己的第一身份是共产党员，第一职责是为党工作，杨善洲老书记说：“不要总想着人民、党对不起自己，要多想一想我们的工作做得怎么样，有没有对不起党和人民的地方。”

1940年，爱国华侨领袖陈嘉庚在延安的见闻，改变了他的看法：“我曾亲眼见到总司令朱德自己装了饭，和勤务兵一起狼吞虎咽，吃了个饱。”在重庆，蒋介石请他吃了一顿800大洋的盛宴。在延安，毛泽东则用亲手栽种的蔬菜和邻居送来的一只母鸡宴请他。他当时就感慨：“得天下者，共产党也，中国的希望，在延安。”

今天，我们已经告别那种极度贫困的年代，但艰苦奋斗、节俭持家的精神永远不能丢，必须始终保持艰苦奋斗的作风。习近平总书记在十八届中央纪委二次全会上指出，“抓改进工作作风，各项工作都很重要，但最根本的是要坚持和发扬艰苦奋斗精神”，多次强调党员领导干部“要艰苦奋斗、清正廉洁，正确行使权力，在各种诱惑面前经得起考验”，强调“全党同志一定要不忘初心、继续前进，永远保持谦虚、谨慎、不骄、不躁的作风，永远保持艰苦奋斗的作风”。凡此，皆充分展现了共产党人“清”的红色基因。

从某种意义上来说，一个政党的党内政治文化能够决定一个政党的生死存亡，因为它更能体现这个政党的本质，更能影响党员的精神状态和行为选择。弘扬公道正派的共产党人价值观，有利于党员干部树立高尚的人格，自觉防止和抵制各种腐朽庸俗政治文化的影响，形成积极健康的党内政治文化。

其三是务实。20世纪90年代初，习近平总书记在福州市委工作期间大力倡导实干的工作精神。

习近平总书记在福州市工作了整整6年，他坚持“请进来”“走出去”，坚持“以侨引侨、以侨引台”，狠抓招商引资，着力建设“闽江口金三角经济圈”“海上福州”“国际化大都市”，推动福州实现跨越式发展。他保护城市文脉，推动旧城改造，抗击台风洪水，持续关注民生，创设“下基层接访”制度，倡导“马上就办”“真抓实干”作风，强化机关效能，使福州焕发蓬勃生机活力。

真抓才能攻坚克难，实干才能梦想成真。正因为在以习近平同志为核心的党中央带领下，亿万人民胼手胝足的苦干，才有了现行标准下 9899 万农村贫困人口全部脱贫，832 个贫困县全部摘帽，12.8 万个贫困村全部出列，区域性整体贫困得到解决，完成了消除绝对贫困的艰巨任务，创造了又一个彪炳史册的人间奇迹！……回首来时路，中国号巨轮一路经风历雨、劈波斩浪，离不开筚路蓝缕、以启山林那么一种精神，离不开空谈误国、实干兴邦那么一种警醒。社会主义是干出来的，新时代也是干出来的，正如习近平总书记强调的：“面向未来，全面建成小康社会要靠实干，基本实现现代化要靠实干，实现中华民族伟大复兴要靠实干。”

党的十八大以来，习近平总书记多次点赞先进典型和模范，号召学习先进典型，学习先进榜样，强调“实现中华民族伟大复兴，需要更多时代楷模”。我们就是要向自己身边的典型学习，说到做到、做就做好。

三、学习党史，更要清楚“怎么学”

习近平总书记在党史学习教育动员大会上的讲话指出：“全党要高度重视，提高思想站位，立足实际、守正创新，高标准高质量完成学习教育各项任务。”这为我们揭示了党史教育的方法，要学习好党史就要把握主旨主线、创新学习方法、狠抓工作落实。

（一）把握主旨主线，明确学习教育核心任务

首先是学习党史要与加强理论修养相结合。中国共产党之所以历经艰难困苦而不断发展壮大，根本上是因为始终重视思想建党、理论强党。今天我们要把学习党史与把握党的创新理论结合起来，用党的创新理论成果武装头脑、指导实践、推动工作。其二学习党史要与提高执政本领相结合。党史中蕴含了一代代中国共产党人治党治国的智慧经验，党史也给我们提供了应对各类风险挑战的重要思想方法、工作方法和领导方法。所以，要把学习党史同现实工作结合起来，同解决实际问题结合起来，提高运用党的科学理论观察、分析、处理现实问题的能力，努力把学习成效转化为工作实效。其三学习党史要与高质量发展结合起来。重点围绕“十四五”时期本地区经济社会发展各项目标任务，坚定不移贯彻新发展理念，以满足人民日益增长的美好生活需要为根本目的，巩固“三大攻坚战”成果，全面推进乡村振兴，统筹做好项目建设、产业开发、城乡建设、生态保护、文旅融合、民生保障、社会稳定等工作，为高质量完成全年目标任务打实基础。

（二）创新学习方法，增强学习教育行动自觉

首先是个人自学。自觉把学习党史同学习习近平新时代中国特色社会主义思想、学习习近平总书记有关党史的重要论述结合起来，加强自学，不断提高学习效率。其二是集体研学。在党委（党组）理论学习中心组学习会议、科室例会等会议中列入党史学习内容，通过举办专题学习座谈会等形式组织开展集体学习。组织开展专题主题党日，开好党支部“三会一课”，切实推动全体党员干部学有所获、学有所悟、学有所成。其三是实践检学。结合“我为群众办实事”等活动，

聚焦解决人民群众的操心事、烦心事、揪心事，梳理问题清单、开展专项行动，用为群众办实事的实际成果、群众的评价来检验党史学习教育成效。

（三）狠抓工作落实，确保学习教育取得实效

首先是强化组织领导。把党史学习教育作为重大政治任务置于突出位置，成立工作领导小组，明晰责任分工，精心组织实施，通过“党委—党支部—党员”层层传导压力，从严抓好落实，确保党史学习教育各项部署要求不折不扣落实到位。其二是强化氛围营造。大力宣传机关在学习教育过程中涌现出来的好做法、好经验，大力选树、宣传正面典型，营造浓厚学习氛围。其三是强化督导检查。把学习教育开展情况作为党组织书记抓党建的重要内容，纳入年度考核，成立督查专班，定期对学习教育情况进行督导检查，确保学习教育取得实效。

延伸阅读

组织部的那盏灯

曾经，一盏《组织部的灯》亮遍朋友圈，让全国上下组工干部感动，也让更多的人真真切切感受到了组工干部为人民的不懈付出，折射出各级组织部门辛勤忙碌的身影。

可一盏组织部的灯却再也不会亮了，那就是我的同事涂红刚。2013 年 7 月 5 日，刚满 38 岁的湖北云梦县委组织部干部科科长涂红

刚，因突发心脏病而去世。2014 年 2 月，中共中央组织部作出决定，追授涂红刚同志“全国优秀组织工作干部”称号，并要求在全国组织系统广泛开展向涂红刚同志学习活动。

早在 1999 年，涂红刚就到云梦县委组织部工作，直到 2013 年才提拔为干部科科长，但他从未有过任何怨言。

有人说，经济发展了，领导第一个想到的不是组工干部，民生改善了，百姓第一个感谢的肯定也不是组工干部，14 年的组工生涯，涂红刚又是图什么呢？是啊，图什么呢？

2012 年 11 月，一名干部如期上任后，我看到涂红刚欣慰地笑了，并听他讲起了其中原委，这名干部在公示期内，被人以情人的名义实名举报。

眼看公示期就要满，涂红刚争分夺秒、一丝不苟地投入到调查工作中，根据举报信地址驱车几十公里跨县寻找线索，一次次地往返奔波，数十人的走访谈话，几经周折，进展艰难，最终还了这名干部的清白。

我问涂红刚，“您当初是帮了他的大忙，也不知道他还记不记得您？”

涂红刚淡然一笑，“人梯不比人情，不记得挺好。”

在那一刻，我懂得了组工干部的价值，我们虽然没有站在经济发展和改善民生的第一线，可是各项事业离不开队伍的支撑，组织的保障；我们虽然没有舞台上的鲜花簇拥和掌声雷动，却也更珍惜演出成功时在幕后暗自欣慰的淡定从容。安心本职、甘为人梯，这是组工干部的职责所在、价值所在。

直到涂红刚去世后，我们才发现，他的抽屉里挤满了药瓶，同事们说："他一心工作，忘记了自己，透支了生命。"

通宵达旦地工作是涂红刚的家常便饭，2011年，乡镇党政领导班子和县"四大家"相继换届，他连续3个月"白加黑""5加2"地工作，饿了，就在办公室吃泡面；困了，就在原地打个盹；病了，就在深夜打点滴。

为了更好地开展工作，涂红刚平日里勤于学习，勇于钻研。学习笔记和报刊剪贴资料是一捆又一捆，装了满满好几大箱，更不可想象的是全县干部花名册被他翻烂十多本。

功夫不负有心人，最终他成为县里小有名气的"人事专家"，他绘制的换届选举流程图，成为"工具书"；他组织实施的干部任前公示制在全省产生重大影响；他起草的大科室制改革方案在他去世后被全市推广，全省交流。

在那一刻，我懂得了组工干部的精神，无论我们前方的道路上是坎坷泥泞，还是荆棘丛生，只要专注工作，把责任扛在肩上，把工作揣在心间，任劳任怨，勤勤恳恳，定能长风破浪会有时，直挂云帆济沧海。

都说组织部门是党员之家，干部之家，人才之家，而组工干部也有自己温馨的小家，涂红刚也是有着丰富情感和幸福渴望的普通人。因为工作繁忙早出晚归，当回到家中看到已经熟睡的儿子时，他心里也有愧疚；因为工作需要经常加班，总是无法与亲人团聚，共享天伦时，他也会心存遗憾。

涂红刚在去世前一个月，正忙于到乡镇考察干部，一次电话响了，他果断挂断电话，然后在空暇之余打了过去，却没想到，电话里传来妻子哽咽的声音："爸要做手术时，你说你忙，让我和姐照顾，可爸手术后到现在还昏迷不醒，你到底还管不管爸了？”挂断电话时，他已是泪流满面，并挤出时间陪伴了昏迷的父亲一夜又一夜。

在那一刻，我懂得了组工干部的情怀，他们也有儿女情长啊，只是在关爱家庭与迷恋事业的天平上，他们用更多的努力和付出平衡着双肩的责任，他们用更多的坚韧和执着诠释着党性的坚强。

涂红刚的那盏灯，是“安心本职”之灯、“专注工作”之灯、“迷恋事业”之灯。属于他的那盏灯不会再亮了，但各级组织部门那一盏盏不灭之灯，会因为他那盏灯更齐更亮更温暖！

10 淡淡书香惹人醉

“我爱好挺多，最大的爱好是读书，读书已成为我的一种生活方式。”习近平总书记多次谈到自己的读书爱好，对读书的热爱与痴迷，贯穿了他的人生轨迹。他也希望各级领导干部“多用一些时间静心读书、静心思考”。习近平总书记之所以这么重视读书，就是因为淡淡书香惹人醉，作为知识的载体，书籍也是人类记忆和想象的延伸，潜藏着无限的可能。

一、读书可以养运气，让人变得顺心

《易经》六十四卦中，除了一个卦，其他每一卦都有凶有吉。唯独谦卦，没有凶，只有吉，它是最好的一卦。卦象中说："谦，亨，君子有终。"意思就是说谦卑的精神是君子的美德，可以令人万事亨通。

一个人在某一方面能力越出众就越遭人嫉妒，通常只需要三个人就可以把这个能力越出众的人毁掉。例如，《三人成虎》的成语故事告诉我们，一个人说街上有老虎，大王不相信，两个人说街上有老虎，大王开始怀疑，正当大王怀疑的时，第三个人给出答案，还是说街上有老虎，这时，大王就会深信不疑。街上没有老虎，大王也会认为街上有老虎。

同样一个能力再强的人，如果认识不到危机，不懂谦卑的话，就必然招来更多的妒忌，在更多的人心里埋下仇恨。一个人说你不行，领导不相信，两个人说你不行，领导开始怀疑，正当领导怀疑的时候，第三个人给出答案，还是说你不行，这时，领导就会深信不疑，即使你能力再强，在领导心中也变得不强了。

孟子说："天时不如地利，地利不如人和。"这个时候，已经成功地丢掉了"人和"，接下来的运气自然好不到哪里去。

那怎么样才能使自己变得谦卑呢？答案就是爱读书。当一个人爱读书，就说明他爱学习，爱学习说明他有本领恐慌，有本领恐慌，就说明他谦卑。

而且，越读书越可以使人懂得，在漫漫历史长河中，一个人实在是太渺小。在浩如烟海的知识海洋里，自己懂得一点点知识也如沧海一粟。

二、读书可以养才气，让人变得睿智

毛泽东说：“有了学问，好比站在山上，可以看到很远很多东西。没有学问，如在暗沟里走路，摸索不着，那会苦煞人。”

1912 年，毛泽东以第一名的成绩考入湖南全省高等中学校。由于学校课程有限，满足不了他的求知欲，而湖南图书馆的书很多，于是半年后毛泽东就主动从学校退了学，每天早出晚归，步行三里地到湖南图书馆去看书。他阅读的书籍非常广泛，传统的经史子集和世界各国的历史、地理、哲学和文学等著作，无所不读。在他的一生中，他是经常挤出时间来读书，就在去世前的那一天还读了 7 分钟的书。

毛泽东同志常说：“我一生最大的爱好是读书。”“饭可以一日不吃，觉可以一日不睡，书不可以一日不读。”

毛泽东是一个农家子弟，只有中专学历，为什么一跃成为中国乃至世界的伟人？他没有进过一天军校，为何能统率三军，指挥千军万马，打败比自己强大百倍千倍的对手？这和他酷爱读书密不可分。正是因为读书，才使毛泽东具有了渊博的知识和高超的政治智慧。

书籍是人类知识的载体，是人类智慧的结晶，是人类进步的阶梯。看书犹如站在巨人的肩上，我们将走得更快、走得更远、走得更稳健、走得更从容。

三、读书可以养雅气，让人变得漂亮

曾国藩的《冰鉴》一书中就蕴含着一个观点，人的思考也是一种运动，伴随着相关的气血运行和更为复杂的生理原理。长期思考、勤动脑筋的人自然也会有与他人不同的面部特征。

读了很多书的人就算长得再黑都会给人一种白白净净的感觉，因为他的面部散发出了一种光，那就是精气神所致。

古人也早就认为，潜心读书本来就是一种气功态，因此，文化人与其他人的面部气质确实不一样。这犹如冰河洗石，天长日久，河流中的石头与其他地方的石头是有明显的外形差异，如果水流情况不一样，那么石头的外形也是不一样的。石头的差异来自外力的作用，人头面上的特征则源于内部思维力量的冲刷和熏陶，外显出来就是精光、气质、神态等的区别。

当我们还是个孩子时，我们吃过很多食物，现在已经记不清吃过什么了。但可以肯定的是，它们中的一部分，已经长成了我们的骨头和血肉。

读书也是如此，正如作家三毛所说："读书多了，容颜自然改变，许多时候，自己可能以为许多看过的书籍都成过眼烟云，不复记忆，其实它们仍是潜在的，在气质里，在谈吐上，在胸襟的无涯，当然也可能显露在生活和文字中。"

最是书香能致远，腹有诗书气自华。所以，越读书，人越美。

四、读书可以养朝气，让人变得快乐

英国哲学家弗朗西斯·培根在《论读书》一文中写道：“读书足以怡情”。

在这个物欲横流的时代，人们通常都是为名利所累。读书可以让我们远离现实世界的纷争，书中清心纯朴的文字能洗涤我们的灵魂，让我们远离庸俗。

例如，当读到俄国著名作家列夫·托尔斯泰创作的一篇短篇小说《一个人到底需要多少土地》时，会让我们明白做人不要太贪心。

小说讲的是一位贫穷的农民帕霍姆原本通过自己的努力，拥有了一些土地，生活也变得富裕起来，但是他太贪心。

听说巴什基尔有一大片肥沃的土地，只要给当地部落首领一些钱，就可以得到自己一天行程内所圈到的整片土地，帕霍姆于是在太阳刚刚升起时就拼命地奔跑，贪心不已，等太阳快要落山时，他也终于累死在这片土地上。

随后，帕霍姆的仆人在地上挖了一个坑，把他埋在了里面。帕霍姆到底需要多少土地呢？他最后需要的土地只有从头到脚六英尺那么一小块。

还有，当读《初心——向共产党员张富清学习》这本书，可以让我们明白什么叫“正其义不谋其利，明其道不计其功”。

老英雄张富清在战争年代立下赫赫战功，但几十年来，他刻意尘封功绩，连儿女都不知情。1955 年退役转业后，他主动选择到湖北省最偏远的来凤县工作，为贫困山区奉献一生。很多人不禁好奇，张富清老人为何一辈子深藏功名？他眼眶湿润地回答：“和牺牲的战友相比，我有什么资格张扬呢？”

书中自有黄金屋，书中自有颜如玉。一书一世界，若能享受其中，享受与思想者的对话，享受与思维的辩论，享受与逻辑的争锋，享受与文字的游戏，读书，必然是一种乐趣。

附录

中国共产党章程

（中国共产党第二十次全国代表大会部分修改，2022年10月22日通过）

总　纲

中国共产党是中国工人阶级的先锋队，同时是中国人民和中华民族的先锋队，是中国特色社会主义事业的领导核心，代表中国先进生产力的发展要求，代表中国先进文化的前进方向，代表中国最广大人民的根本利益。党的最高理想和最终目标是实现共产主义。

中国共产党以马克思列宁主义、毛泽东思想、邓小平理论、“三个代表”重要思想、科学发展观、习近平新时代中国特色社会主义思想作为自己的行动指南。

马克思列宁主义揭示了人类社会历史发展的规律，它的基本原理是正确的，具有强大的生命力。中国共产党人追求的共产主义最高理想，只有在社会主义社会充分发展和高度发达的基础上才能实现。社会主义制度的发展和完善是一个长期的历史过程。坚持马克思列宁主义的基本原理，走中国人民自愿选择的适合中国国情的道路，中国的社会主义事业必将取得最终的胜利。

以毛泽东同志为主要代表的中国共产党人，把马克思列宁主义的基本原理同中国革命的具体实践结合起来，创立了毛泽东思想。毛泽东思想是马克思列宁主义在中国的运用和发展，是被实践证明了的关于中国革命和建设的正确的理论原则和经验总结，是中国共产党集体智慧的结晶。在毛泽东思想指引下，中国共产党领导全国各族人民，经过长期的反对帝国主义、封建主义、官僚资本主义的革命斗争，取得了新民主主义革命的胜利，建立了人民民主专政的中华人民共和国；新中国成立以后，顺利地进行了社会主义改造，完成了从新民主主义到社会主义的过渡，确立了社会主义基本制度，发展了社会主义的经济、政治和文化。

十一届三中全会以来，以邓小平同志为主要代表的中国共产党人，总结新中国成立以来正反两方面的经验，解放思想，实事求是，实现全党工作中心向经济建设的转移，实行改革开放，开辟了社会主义事业发展的新时期，逐步形成了建设中国特色社会主义的路线、方针、政策，阐明了在中国建设社会主义、巩固和发展社会主义的基本问题，创立了邓小平理论。邓小平理论是马克思列宁主义的基本原理同当代中国实践和时代特征相结合的产物，是毛泽东思想在新的历史条件下的继承和发展，是马克思主义在中国发展的新阶段，是当代中国的马克思主义，是中国共产党集体智慧的结晶，引导着我国社会主义现代化事业不断前进。

十三届四中全会以来，以江泽民同志为主要代表的中国共产党人，在建设中国特色社会主义的实践中，加深了对什么是社会主义、怎样建设社会主义和建设什么样的党、怎样建设党的认识，积累了治党治国新的宝贵经验，形成了“三个代表”重要思想。“三个代表”重要思想是对马克思列宁主义、毛泽东思想、邓小平理论的继承和发展，反映了当代世界和中国的发展变化对党和国家工作的新要求，是加强和改进党的建设、推进我国社会主义自我完善和发展的强大理论武器，是中国共产党集体智慧的结晶，是党必须长期坚持的指导思想。始终做到“三个代表”，是我们党的立党之本、执政之基、力量之源。

十六大以来，以胡锦涛同志为主要代表的中国共产党人，坚持以邓小平理论和“三个代表”重要思想为指导，根据新的发展要求，深刻认识和回答了新形势下实现什么样的发展、怎样发展等重大问题，形成了以人为本、全面协调可持续发展的科学发展观。科学发展观是同马克思列宁主义、毛泽东思想、邓小平理论、“三个代表”重要思想既一脉相承又与时俱进的科学理论，是马克思主义关于发展的世界观和方法论的集中体现，是马克思主义中国化重大成果，是中国共产党集体智慧的结晶，是发展中国特色社会主义必须长期坚持的指导思想。

十八大以来，以习近平同志为主要代表的中国共产党人，坚持把马克思主义基本原理同中国具体实际相结合、同中华优秀传统文化相结合，科学回答了新时代坚持和发展什么样的中国特色社会主义、怎样坚持和发展中国特色社会主义等重大时代课题，创立了习近平新时代中国特色社会主义思想。习近平新时代中国特色社会主义思想是对马克思列宁主义、毛泽东思想、邓小平理论、“三个代表”重要思想、科学发展观的继承和发展，是当代中国马克思主义、二十一世纪马克思主义，是中华文化和中国精神的时代精华，是党和人民实践经验和集体智慧的结晶，是中国特色社会主义理论体系的重要组成部分，是全党全国人民为实现中华民族伟大复兴而奋斗的行动指南，必须长期坚持并不断发展。在习近平新时代中国特色社会主义思想指导下，中国共产党领导全国各族人民，统揽伟大斗争、伟大工程、伟大事业、伟大梦想，推动中国特色社会主义进入了新时代，实现第一个百年奋斗目标，开启了实现第二个百年奋斗目标新征程。

改革开放以来我们取得一切成绩和进步的根本原因，归结起来就是：开辟了中国特色社会主义道路，形成了中国特色社会主义理论体系，确立了中国特色社会主义制度，发展了中国特色社会主义文化。全党同志要倍加珍惜、长期坚持和不断发展党历经艰辛开创的这条道路、这个理论体系、这个制度、这个文化，高举中国特色社会主义伟大旗帜，坚定道路自信、理论自信、制度自信、文化自信，发扬斗争精神，增强斗争本领，贯彻党的基本理论、基本路线、基本方略，为实现推进现代化建设、完成祖国统一、维护世界和平与促进共同发展这三大历史任务，实现第二个百年奋斗目标、实现中华民族伟大复兴的中国梦而奋斗。

中国共产党自成立以来，始终把为中国人民谋幸福、为中华民族谋复兴作为自己的初心使命，历经百年奋斗，从根本上改变了中国人民的前途命运，开辟了实现中华民族伟大复兴的正确道路，展示了马克思主义的强大生命力，深刻影响了世界历史进程，锻造了走在时代前列的中国共产党。经过长期实践，积累了坚持党的领导、坚持人民至上、坚持理论创新、坚持独立自主、坚持中国道路、坚持胸怀天下、坚持开拓创新、坚持敢于斗争、坚持统一战线、坚持自我革命的宝贵历史经验，这是党和人民共同创造的精神财富，必须倍加珍惜、长期坚持，并在实践中不断丰富和发展。

我国正处于并将长期处于社会主义初级阶段。这是在原本经济文化落后的中国建设社会主义现代化不可逾越的历史阶段，需要上百年的时间。我国的社会主义建设，必须从我国的国情出发，走中国特色社会主义道路，以中国式现代化全面推进中华民族伟大复兴。在现阶段，我国社会的主要矛盾是人民日益增长的美好生活需要和不平衡不充分的发展之间的矛盾。由于国内的因素和国际的影响，阶级斗争还在一定范围内长期存在，在某种条件下还有可能激化，但已经不是主要矛盾。我国社会主义建设的根本任务，是进一步解放生产力，发展生产力，逐步实现社会主义现代化，并且为此而改革生产关系和上层建筑中不适应生产力发展的方面和环节。必须坚持和完善公有制为主体、多种所有制经济共同发展，按劳分配为主体、多种分配方式并存，社会主义市场经济体制等基本经济制度，鼓励一部分地区和一部分人先富起来，逐步实现全体人民共同富裕，在生产发展和社会财富增长的基础上不断满足人民日益增长的美好生活需要，促进人的全面发展。发展是我们党执政兴国的第一要务。必须坚持以人民为中心的发展思想，把握新发展阶段，贯彻创新、协调、绿色、开放、共享的新发展理念，加快构建以国内大循环为主体、国内国际双循环相互促进的新发展格局，推动高质量发展。各项工作都要把有利于发展社会主义社会的生产力，有利于增强社会主义国家的综合国力，有利于提高人民的生活水平，作为总的出发点和检验标准，尊重劳动、尊重知识、尊重人才、尊重创造，做到发展为了人民、发展依靠人民、发展成果由人民共享。必须按照中国特色社会主义事业“五位一体”总体布局和

“四个全面”战略布局，统筹推进经济建设、政治建设、文化建设、社会建设、生态文明建设，协调推进全面建设社会主义现代化国家、全面深化改革、全面依法治国、全面从严治党。新时代新征程，经济和社会发展的战略目标是，到二〇三五年基本实现社会主义现代化，到本世纪中叶把我国建成社会主义现代化强国。

中国共产党在社会主义初级阶段的基本路线是：领导和团结全国各族人民，以经济建设为中心，坚持四项基本原则，坚持改革开放，自力更生，艰苦创业，为把我国建设成为富强民主文明和谐美丽的社会主义现代化强国而奋斗。

中国共产党在领导社会主义事业中，必须坚持以经济建设为中心，其他各项工作都服从和服务于这个中心。要实施科教兴国战略、人才强国战略、创新驱动发展战略、乡村振兴战略、区域协调发展战略、可持续发展战略、军民融合发展战略，充分发挥科学技术作为第一生产力的作用，充分发挥人才作为第一资源的作用，充分发挥创新作为引领发展第一动力的作用，依靠科技进步，提高劳动者素质，促进国民经济更高质量、更有效率、更加公平、更可持续、更为安全发展。

坚持社会主义道路、坚持人民民主专政、坚持中国共产党的领导、坚持马克思列宁主义毛泽东思想这四项基本原则，是我们的立国之本。在社会主义现代化建设的整个过程中，必须坚持四项基本原则，反对资产阶级自由化。

坚持改革开放，是我们的强国之路。只有改革开放，才能发展中国、发展社会主义、发展马克思主义。要全面深化改革，完善和发展中国特色社会主义制度，推进国家治理体系和治理能力现代化。要从根本上改革束缚生产力发展的经济体制，坚持和完善社会主义市场经济体制；与此相适应，要进行政治体制改革和其他领域的改革。要坚持对外开放的基本国策，吸收和借鉴人类社会创造的一切文明成果。改革开放应当大胆探索，勇于开拓，提高改革决策的科学性，更加注重改革的系统性、整体性、协同性，在实践中开创新路。

中国共产党领导人民发展社会主义市场经济。毫不动摇地巩固和发展公有制经济，毫不动摇地鼓励、支持、引导非公有制经济发展。发挥市场在资源配置中的决定性作用，更好发挥政府作用，建立完善的宏观调控体系。统筹城乡发展、区域发展、经济社会发展、人与自然和谐发展、国内发展和对外开放，调整经济结构，转变经济发展方式，推进供给侧结构性改革。促进新型工业化、信息化、城镇化、农业现代化同步发展，建设社会主义新农村，走中国特色新型工业化道路，建设创新型国家和世界科技强国。

中国共产党领导人民发展社会主义民主政治。坚持党的领导、人民当家作主、依法治国有机统一，走中国特色社会主义政治发展道路、中国特色社会主义法治道路，扩大社会主义民主，建设中国特色社会主义法治体系，建设社会主义法治国家，巩固人民民主专政，建设社会主义政治文明。坚持和完善人民代表大会制度、中国共产党领导的多党合作和政治协商制度、民族区域自治制度以及基层群众自治制度。发展更加广泛、更加充分、更加健全的全过程人民民主，推进协商民主广泛多层制度化发展，切实保障人民管理国家事务和社会事务、管理经济和文化事业的权利。尊重和保障人权。广开言路，建立健全民主选举、民主协商、民主决策、民主管理、民主监督的制度和程序。完善中国特色社会主义法律体系，加强法律实施工作，实现国家各项工作法治化。

中国共产党领导人民发展社会主义先进文化。建设社会主义精神文明，实行依法治国和以德治国相结合，提高全民族的思想道德素质和科学文化素质，为改革开放和社会主义现代化建设提供强大的思想保证、精神动力和智力支持，建设社会主义文化强国。加强社会主义核心价值体系建设，坚持马克思主义指导思想，树立中国特色社会主义共同理想，弘扬以爱国主义为核心的民族精神和以改革创新为核心的时代精神，培育和践行社会主义核心价值观，倡导社会主义荣辱观，增强民族自尊、自信和自强精神，抵御资本主义和封建主义腐朽思想的侵蚀，扫除各种社会丑恶现象，努力使我国人民成为有理想、有道德、有文化、有纪律的人民。对党员要进行共产主义远大理想教育。大力发展教育、科学、文化事业，推动中华优秀传统文化创造性转化、创新性发展，继承革命文化，发展社会主义先进文化，提高国家文化软实力。牢牢掌握意识形态工作领导权，不断巩固马克思主义在意识形态领域的指导地位，巩固全党全国人民团结奋斗的共同思想基础。

中国共产党领导人民构建社会主义和谐社会。按照民主法治、公平正义、诚信友爱、充满活力、安定有序、人与自然和谐相处的总要求和共同建设、共同享有的原则，以保障和改善民生为重点，解决好人民最关心、最直接、最现实的利益问题，使发展成果更多更公平惠及全体人民，不断增强人民群众获得感，努力形成全体人民各尽其能、各得其所而又和谐相处的局面。加强和创新社会治理。严格区分和正确处理敌我矛盾和人民内部矛盾这两类不同性质的矛盾。加强社会治安综合治理，依法坚决打击各种危害国家安全和利益、危害社会稳定和经济发展的犯罪活动和犯罪分子，保持社会长期稳定。坚持总体国家安全观，统筹发展和安全，坚决维护国家主权、安全、发展利益。

中国共产党领导人民建设社会主义生态文明。树立尊重自然、顺应自然、保护自然的生态文明理念，增强绿水青山就是金山银山的意识，坚持节约资源和保护环境的基本国策，坚持节约优先、保护优先、自然恢复为主的方针，坚持生产发展、生活富裕、生态良好的文明发展道路。着力建设资源节约型、环境友好型社会，实行最严格的生态环境保护制度，形成节约资源和保护环境的空间格局、产业结构、生产方式、生活方式，为人民创造良好生产生活环境，实现中华民族永续发展。

中国共产党坚持对人民解放军和其他人民武装力量的绝对领导，贯彻习近平强军思想，加强人民解放军的建设，坚持政治建军、改革强军、科技强军、人才强军、依法治军，建设一支听党指挥、能打胜仗、作风优良的人民军队，把人民军队建设成为世界一流军队，切实保证人民解放军有效履行新时代军队使命任务，充分发挥人民解放军在巩固国防、保卫祖国和参加社会主义现代化建设中的作用。

中国共产党维护和发展平等团结互助和谐的社会主义民族关系，积极培养、选拔少数民族干部，帮助少数民族和民族地区发展经济、文化和社会事业，铸牢中华民族共同体意识，实现各民族共同团结奋斗、共同繁荣发展。全面贯彻党的宗教工作基本方针，团结信教群众为经济社会发展作贡献。

中国共产党同全国各民族工人、农民、知识分子团结在一起，同各民主党派、无党派人士、各民族的爱国力量团结在一起，进一步发展和壮大由全体社会主义劳动者、社会主义事业的建设者、拥护社会主义的爱国者、拥护祖国统一和致力于中华民族伟大复兴的爱国者组成的最广泛的爱国统一战线。不断加强全国人民包括香港特别行政区同胞、澳门特别行政区同胞、台湾同胞和海外侨胞的团结。全面准确、坚定不移贯彻“一个国家、两种制度”的方针，促进香港、澳门长期繁荣稳定，坚决反对和遏制“台独”，完成祖国统一大业。

中国共产党坚持独立自主的和平外交政策，坚持和平发展道路，坚持互利共赢的开放战略，统筹国内国际两个大局，积极发展对外关系，努力为我国的改革开放和现代化建设争取有利的国际环境。在国际事务中，弘扬和平、发展、公平、正义、民主、自由的全人类共同价值，坚持正确义利观，维护我国的独立和主权，反对霸权主义和强权政治，维护世界和平，促进人类进步，推动构建人类命运共同体，推动建设持久和平、普遍安全、共同繁荣、开放包容、清洁美丽的世界。在互相尊重主权和领土完整、互不侵犯、互不干涉内政、平等互利、和平共处五项原则的基础上，发展我国同世界各国的关系。不断发展我国同周边国家的睦邻友好关系，加强同发展中国家的团结与合作。遵循共商共建共享原则，推进“一带一路”建设。按照独立自主、完全平等、互相尊重、互不干涉内部事务的原则，发展我党同各国共产党和其他政党的关系。

中国共产党要领导全国各族人民实现第二个百年奋斗目标、实现中华民族伟大复兴的中国梦，必须紧密围绕党的基本路线，坚持和加强党的全面领导，坚持党要管党、全面从严治党，弘扬坚持真理、坚守理想，践行初心、担当使命，不怕牺牲、英勇斗争，对党忠诚、不负人民的伟大建党精神，加强党的长期执政能力建设、先进性和纯洁性建设，以改革创新精神全面推进党的建设新的伟大工程，以党的政治建设为统领，全面推进党的政治建设、思想建设、组织建设、作风建设、纪律建设，把制度建设贯穿其中，深入推进反腐败斗争，全面提高党的建设科学化水平，以伟大自我革命引领伟大社会革命。坚持立党为公、执政为民，发扬党的优良传统和作风，不断提高党的领导水平和执政水平，提高拒腐防变和抵御风险的能力，不断增强自我净化、自我完善、自我革新、自我提高能力，不断增强党的阶级基础和扩大党的群众基础，不断提高党的创造力、凝聚力、战斗力，建设学习型、服务型、创新型的马克思主义执政党，使我们党始终走在时代前列，成为领导全国人民沿着中国特色社会主义道路不断前进的坚强核心。党的建设必须坚决实现以下六项基本要求：

第一，坚持党的基本路线。全党要用邓小平理论、“三个代表”重要思想、科学发展观、习近平新时代中国特色社会主义思想和党的基本路线统一思想，统一行动，并且毫不动摇地长期坚持下去。必须把改革开放同四项基本原则统一起来，全面落实党的基本路线，反对一切“左”的和右的错误倾向，要警惕右，但主要是防止“左”。必须提高政治判断力、政治领悟力、政治执行力，增强贯彻落实党的理论和路线方针政策的自觉性和坚定性。

第二，坚持解放思想，实事求是，与时俱进，求真务实。党的思想路线是一切从实际出发，理论联系实际，实事求是，在实践中检验真理和发展真理。全党必须坚持这条思想路线，积极探索，大胆试验，开拓创新，创造性地开展工作，不断研究新情况，总结新经验，解决新问题，在实践中丰富和发展马克思主义，推进马克思主义中国化时代化。

第三，坚持新时代党的组织路线。全面贯彻习近平新时代中国特色社会主义思想，以组织体系建设为重点，着力培养忠诚干净担当的高素质干部，着力集聚爱国奉献的各方面优秀人才，坚持德才兼备、以德为先、任人唯贤，为坚持和加强党的全面领导、坚持和发展中国特色社会主义提供坚强组织保证。全党必须增强党组织的政治功能和组织功能，培养选拔党和人民需要的好干部，培养和造就大批堪当时代重任的社会主义事业接班人，聚天下英才而用之，从组织上保证党的基本理论、基本路线、基本方略的贯彻落实。

第四，坚持全心全意为人民服务。党除了工人阶级和最广大人民群众的利益，没有自己特殊的利益。党在任何时候都把群众利益放在第一位，同群众同甘共苦，保持最密切的联系，坚持权为民所用、情为民所系、利为民所谋，不允许任何党员脱离群众，凌驾于群众之上。我们党的最大政治优势是密切联系群众，党执政后的最大危险是脱离群众。党风问题、党同人民群众联系问题是关系党生死存亡的问题。党在自己的工作中实行群众路线，一切为了群众，一切依靠群众，从群众中来，到群众中去，把党的正确主张变为群众的自觉行动。

第五，坚持民主集中制。民主集中制是民主基础上的集中和集中指导下的民主相结合。它既是党的根本组织原则，也是群众路线在党的生活中的运用。必须充分发扬党内民主，尊重党员主体地位，保障党员民主权利，发挥各级党组织和广大党员的积极性创造性。必须实行正确的集中，牢固树立政治意识、大局意识、核心意识、看齐意识，坚定维护以习近平同志为核心的党中央权威和集中统一领导，保证全党的团结统一和行动一致，保证党的决定得到迅速有效的贯彻执行。加强和规范党内政治生活，增强党内政治生活的政治性、时代性、原则性、战斗性，发展积极健康的党内政治文化，营造风清气正的良好政治生态。党在自己的政治生活中正确地开展批评和自我批评，在原则问题上进行思想斗争，坚持真理，修正错误。努力造成又有集中又有民主，又有纪律又有自由，又有统一意志又有个人心情舒畅生动活泼的政治局面。

第六，坚持从严管党治党。全面从严治党永远在路上，党的自我革命永远在路上。新形势下，党面临的执政考验、改革开放考验、市场经济考验、外部环境考验是长期的、复杂的、严峻的，精神懈怠危险、能力不足危险、脱离群众危险、消极腐败危险更加尖锐地摆在全党面前。要把严的标准、严的措施贯穿于管党治党全过程和各方面。坚持依规治党、标本兼治，不断健全党内法规体系，坚持把纪律挺在前面，加强组织性纪律性，在党的纪律面前人人平等。强化全面从严治党主体责任和监督责任，加强对党的领导机关和党员领导干部特别是主要领导干部的监督，不断完善党内监督体系。深入推进党风廉政建设和反腐败斗争，以零容忍态度惩治腐败，一体推进不敢腐、不能腐、不想腐。

中国共产党的领导是中国特色社会主义最本质的特征，是中国特色社会主义制度的最大优势，党是最高政治领导力量。党政军民学，东西南北中，党是领导一切的。党要适应改革开放和社会主义现代化建设的要求，坚持科学执政、民主执政、依法执政，加强和改善党的领导。党必须按照总揽全局、协调各方的原则，在同级各种组织中发挥领导核心作用。党必须集中精力领导经济建设，组织、协调各方面的力量，同心协力，围绕经济建设开展工作，促进经济社会全面发展。党必须实行民主的科学的决策，制定和执行正确的路线、方针、政策，做好党的组织工作和宣传教育工作，发挥全体党员的先锋模范作用。党必须在宪法和法律的范围内活动。党必须保证国家的立法、司法、行政、监察机关，经济、文化组织和人民团体积极主动地、独立负责地、协调一致地工作。党必须加强对工会、共产主义青年团、妇女联合会等群团组织的领导，使它们保持和增强政治性、先进性、群众性，充分发挥作用。党必须适应形势的发展和情况的变化，完善领导体制，改进领导方式，增强执政能力。共产党员必须同党外群众亲密合作，共同为建设中国特色社会主义而奋斗。

第一章　党员

第一条 年满十八岁的中国工人、农民、军人、知识分子和其他社会阶层的先进分子，承认党的纲领和章程，愿意参加党的一个组织并在其中积极工作、执行党的决议和按期交纳党费的，可以申请加入中国共产党。

第二条 中国共产党党员是中国工人阶级的有共产主义觉悟的先锋战士。

中国共产党党员必须全心全意为人民服务，不惜牺牲个人的一切，为实现共产主义奋斗终身。

中国共产党党员永远是劳动人民的普通一员。除了法律和政策规定范围内的个人利益和工作职权以外，所有共产党员都不得谋求任何私利和特权。

第三条 党员必须履行下列义务：

（一）认真学习马克思列宁主义、毛泽东思想、邓小平理论、“三个代表”重要思想、科学发展观、习近平新时代中国特色社会主义思想，学习党的路线、方针、政策和决议，学习党的基本知识和党的历史，学习科学、文化、法律和业务知识，努力提高为人民服务的本领。

（二）增强“四个意识”、坚定“四个自信”、做到“两个维护”，贯彻执行党的基本路线和各项方针、政策，带头参加改革开放和社会主义现代化建设，带动群众为经济发展和社会进步艰苦奋斗，在生产、工作、学习和社会生活中起先锋模范作用。

（三）坚持党和人民的利益高于一切，个人利益服从党和人民的利益，吃苦在前，享受在后，克己奉公，多做贡献。

（四）自觉遵守党的纪律，首先是党的政治纪律和政治规矩，模范遵守国家的法律法规，严格保守党和国家的秘密，执行党的决定，服从组织分配，积极完成党的任务。

（五）维护党的团结和统一，对党忠诚老实，言行一致，坚决反对一切派别组织和小集团活动，反对阳奉阴违的两面派行为和一切阴谋诡计。

（六）切实开展批评和自我批评，勇于揭露和纠正违反党的原则的言行和工作中的缺点、错误，坚决同消极腐败现象作斗争。

（七）密切联系群众，向群众宣传党的主张，遇事同群众商量，及时向党反映群众的意见和要求，维护群众的正当利益。

（八）发扬社会主义新风尚，带头实践社会主义核心价值观和社会主义荣辱观，提倡共产主义道德，弘扬中华民族传统美德，为了保护国家和人民的利益，在一切困难和危险的时刻挺身而出，英勇斗争，不怕牺牲。

第四条 党员享有下列权利：

（一）参加党的有关会议，阅读党的有关文件，接受党的教育和培训。

（二）在党的会议上和党报党刊上，参加关于党的政策问题的讨论。

（三）对党的工作提出建议和倡议。

（四）在党的会议上有根据地批评党的任何组织和任何党员，向党负责地揭发、检举党的任何组织和任何党员违法乱纪的事实，要求处分违法乱纪的党员，要求罢免或撤换不称职的干部。

（五）行使表决权、选举权，有被选举权。

（六）在党组织讨论决定对党员的党纪处分或作出鉴定时，本人有权参加和进行申辩，其他党员可以为他作证和辩护。

（七）对党的决议和政策如有不同意见，在坚决执行的前提下，可以声明保留，并且可以把自己的意见向党的上级组织直至中央提出。

（八）向党的上级组织直至中央提出请求、申诉和控告，并要求有关组织给以负责的答复。

党的任何一级组织直至中央都无权剥夺党员的上述权利。

第五条 发展党员，必须把政治标准放在首位，经过党的支部，坚持个别吸收的原则。

申请入党的人，要填写入党志愿书，要有两名正式党员作介绍人，要经过支部大会通过和上级党组织批准，并且经过预备期的考察，才能成为正式党员。

介绍人要认真了解申请人的思想、品质、经历和工作表现，向他解释党的纲领和党的章程，说明党员的条件、义务和权利，并向党组织作出负责的报告。

党的支部委员会对申请入党的人，要注意征求党内外有关群众的意见，进行严格的审查，认为合格后再提交支部大会讨论。

上级党组织在批准申请人入党以前，要派人同他谈话，作进一步的了解，并帮助他提高对党的认识。

在特殊情况下，党的中央和省、自治区、直辖市委员会可以直接接收党员。

第六条 预备党员必须面向党旗进行入党宣誓。誓词如下：我志愿加入中国共产党，拥护党的纲领，遵守党的章程，履行党员义务，执行党的决定，严守党的纪律，保守党的秘密，对党忠诚，积极工作，为共产主义奋斗终身，随时准备为党和人民牺牲一切，永不叛党。

第七条 预备党员的预备期为一年。党组织对预备党员应当认真教育和考察。

预备党员的义务同正式党员一样。预备党员的权利，除了没有表决权、选举权和被选举权以外，也同正式党员一样。

预备党员预备期满，党的支部应当及时讨论他能否转为正式党员。认真履行党员义务，具备党员条件的，应当按期转为正式党员；需要继续考察和教育的，可以延长预备期，但不能超过一年；不履行党员义务，不具备党员条件的，应当取消预备党员资格。预备党员转为正式党员，或延长预备期，或取消预备党员资格，都应当经支部大会讨论通过和上级党组织批准。

预备党员的预备期，从支部大会通过他为预备党员之日算起。党员的党龄，从预备期满转为正式党员之日算起。

第八条 每个党员，不论职务高低，都必须编入党的一个支部、小组或其他特定组织，参加党的组织生活，接受党内外群众的监督。党员领导干部还必须参加党委、党组的民主生活会。不允许有任何不参加党的组织生活、不接受党内外群众监督的特殊党员。

第九条 党员有退党的自由。党员要求退党，应当经支部大会讨论后宣布除名，并报上级党组织备案。

党员缺乏革命意志，不履行党员义务，不符合党员条件，党的支部应当对他进行教育，要求他限期改正；经教育仍无转变的，应当劝他退党。劝党员退党，应当经支部大会讨论决定，并报上级党组织批准。如被劝告退党的党员坚持不退，应当提交支部大会讨论，决定把他除名，并报上级党组织批准。

党员如果没有正当理由，连续六个月不参加党的组织生活，或不交纳党费，或不做党所分配的工作，就被认为是自行脱党。支部大会应当决定把这样的党员除名，并报上级党组织批准。

第二章　党的组织制度

第十条 党是根据自己的纲领和章程，按照民主集中制组织起来的统一整体。党的民主集中制的基本原则是：

（一）党员个人服从党的组织，少数服从多数，下级组织服从上级组织，全党各个组织和全体党员服从党的全国代表大会和中央委员会。

（二）党的各级领导机关，除它们派出的代表机关和在非党组织中的党组外，都由选举产生。

（三）党的最高领导机关，是党的全国代表大会和它所产生的中央委员会。党的地方各级领导机关，是党的地方各级代表大会和它们所产生的委员会。党的各级委员会向同级的代表大会负责并报告工作。

（四）党的上级组织要经常听取下级组织和党员群众的意见，及时解决他们提出的问题。党的下级组织既要向上级组织请示和报告工作，又要独立负责地解决自己职责范围内的问题。上下级组织之间要互通情报、互相支持和互相监督。党的各级组织要按规定实行党务公开，使党员对党内事务有更多的了解和参与。

（五）党的各级委员会实行集体领导和个人分工负责相结合的制度。凡属重大问题都要按照集体领导、民主集中、个别酝酿、会议决定的原则，由党的委员会集体讨论，作出决定；委员会成员要根据集体的决定和分工，切实履行自己的职责。

（六）党禁止任何形式的个人崇拜。要保证党的领导人的活动处于党和人民的监督之下，同时维护一切代表党和人民利益的领导人的威信。

第十一条 党的各级代表大会的代表和委员会的产生，要体现选举人的意志。选举采用无记名投票的方式。候选人名单要由党组织和选举人充分酝酿讨论。可以直接采用候选人数多于应选人数的差额选举办法进行正式选举。也可以先采用差额选举办法进行预选，产生候选人名单，然后进行正式选举。选举人有了解候选人情况、要求改变候选人、不选任何一个候选人和另选他人的权利。任何组织和个人不得以任何方式强迫选举人选举或不选举某个人。

党的地方各级代表大会和基层代表大会的选举，如果发生违反党章的情况，上一级党的委员会在调查核实后，应作出选举无效和采取相应措施的决定，并报再上一级党的委员会审查批准，正式宣布执行。

党的各级代表大会代表实行任期制。

第十二条 党的中央和地方各级委员会在必要时召集代表会议，讨论和决定需要及时解决的重大问题。代表会议代表的名额和产生办法，由召集代表会议的委员会决定。

第十三条 凡是成立党的新组织，或是撤销党的原有组织，必须由上级党组织决定。

在党的地方各级代表大会和基层代表大会闭会期间，上级党的组织认为有必要时，可以调动或者指派下级党组织的负责人。

党的中央和地方各级委员会可以派出代表机关。

第十四条 党的中央和省、自治区、直辖市委员会实行巡视制度，在一届任期内，对所管理的地方、部门、企事业单位党组织实现巡视全覆盖。

中央有关部委和国家机关部门党组（党委）根据工作需要，开展巡视工作。

党的市（地、州、盟）和县（市、区、旗）委员会建立巡察制度。

第十五条 党的各级领导机关，对同下级组织有关的重要问题作出决定时，在通常情况下，要征求下级组织的意见。要保证下级组织能够正常行使他们的职权。凡属应由下级组织处理的问题，如无特殊情况，上级领导机关不要干预。

第十六条 有关全国性的重大政策问题，只有党中央有权作出决定，各部门、各地方的党组织可以向中央提出建议，但不得擅自作出决定和对外发表主张。

党的下级组织必须坚决执行上级组织的决定。下级组织如果认为上级组织的决定不符合本地区、本部门的实际情况，可以请求改变；如果上级组织坚持原决定，下级组织必须执行，并不得公开发表不同意见，但有权向再上一级组织报告。

党的各级组织的报刊和其他宣传工具，必须宣传党的路线、方针、政策和决议。

第十七条 党组织讨论决定问题，必须执行少数服从多数的原则。决定重要问题，要进行表决。对于少数人的不同意见，应当认真考虑。

如对重要问题发生争论，双方人数接近，除了在紧急情况下必须按多数意见执行外，应当暂缓作出决定，进一步调查研究，交换意见，下次再表决；在特殊情况下，也可将争论情况向上级组织报告，请求裁决。

党员个人代表党组织发表重要主张，如果超出党组织已有决定的范围，必须提交所在的党组织讨论决定，或向上级党组织请示。任何党员不论职务高低，都不能个人决定重大问题；如遇紧急情况，必须由个人作出决定时，事后要迅速向党组织报告。不允许任何领导人实行个人专断和把个人凌驾于组织之上。

第十八条 党的中央、地方和基层组织，都必须重视党的建设，经常讨论和检查党的宣传工作、教育工作、组织工作、纪律检查工作、群众工作、统一战线工作等，注意研究党内外的思想政治状况。

第三章　党的中央组织

第十九条 党的全国代表大会每五年举行一次，由中央委员会召集。中央委员会认为有必要，或者有三分之一以上的省一级组织提出要求，全国代表大会可以提前举行；如无非常情况，不得延期举行。

全国代表大会代表的名额和选举办法，由中央委员会决定。

第二十条 党的全国代表大会的职权是：

（一）听取和审查中央委员会的报告；

（二）审查中央纪律检查委员会的报告；

（三）讨论并决定党的重大问题；

（四）修改党的章程；

（五）选举中央委员会；

（六）选举中央纪律检查委员会。

第二十一条 党的全国代表会议的职权是：讨论和决定重大问题；调整和增选中央委员会、中央纪律检查委员会的部分成员。调整和增选中央委员及候补中央委员的数额，不得超过党的全国代表大会选出的中央委员及候补中央委员各自总数的五分之一。

第二十二条 党的中央委员会每届任期五年。全国代表大会如提前或延期举行，它的任期相应地改变。中央委员会委员和候补委员必须有五年以上的党龄。中央委员会委员和候补委员的名额，由全国代表大会决定。中央委员会委员出缺，由中央委员会候补委员按照得票多少依次递补。

中央委员会全体会议由中央政治局召集，每年至少举行一次。中央政治局向中央委员会全体会议报告工作，接受监督。

在全国代表大会闭会期间，中央委员会执行全国代表大会的决议，领导党的全部工作，对外代表中国共产党。

第二十三条 党的中央政治局、中央政治局常务委员会和中央委员会总书记，由中央委员会全体会议选举。中央委员会总书记必须从中央政治局常务委员会委员中产生。

中央政治局和它的常务委员会在中央委员会全体会议闭会期间，行使中央委员会的职权。

中央书记处是中央政治局和它的常务委员会的办事机构；成员由中央政治局常务委员会提名，中央委员会全体会议通过。

中央委员会总书记负责召集中央政治局会议和中央政治局常务委员会会议，并主持中央书记处的工作。

党的中央军事委员会组成人员由中央委员会决定，中央军事委员会实行主席负责制。

每届中央委员会产生的中央领导机构和中央领导人，在下届全国代表大会开会期间，继续主持党的经常工作，直到下届中央委员会产生新的中央领导机构和中央领导人为止。

第二十四条 中国人民解放军的党组织，根据中央委员会的指示进行工作。中央军事委员会负责军队中党的工作和政治工作，对军队中党的组织体制和机构作出规定。

第四章　党的地方组织

第二十五条 党的省、自治区、直辖市的代表大会，设区的市和自治州的代表大会，县（旗）、自治县、不设区的市和市辖区的代表大会，每五年举行一次。

党的地方各级代表大会由同级党的委员会召集。在特殊情况下，经上一级委员会批准，可以提前或延期举行。

党的地方各级代表大会代表的名额和选举办法，由同级党的委员会决定，并报上一级党的委员会批准。

第二十六条 党的地方各级代表大会的职权是：

（一）听取和审查同级委员会的报告；

（二）审查同级纪律检查委员会的报告；

（三）讨论本地区范围内的重大问题并作出决议；

（四）选举同级党的委员会，选举同级党的纪律检查委员会。

第二十七条 党的省、自治区、直辖市、设区的市和自治州的委员会，每届任期五年。这些委员会的委员和候补委员必须有五年以上的党龄。

党的县（旗）、自治县、不设区的市和市辖区的委员会，每届任期五年。这些委员会的委员和候补委员必须有三年以上的党龄。

党的地方各级代表大会如提前或延期举行，由它选举的委员会的任期相应地改变。

党的地方各级委员会的委员和候补委员的名额，分别由上一级委员会决定。党的地方各级委员会委员出缺，由候补委员按照得票多少依次递补。

党的地方各级委员会全体会议，每年至少召开两次。

党的地方各级委员会在代表大会闭会期间，执行上级党组织的指示和同级党代表大会的决议，领导本地方的工作，定期向上级党的委员会报告工作。

第二十八条 党的地方各级委员会全体会议，选举常务委员会和书记、副书记，并报上级党的委员会批准。党的地方各级委员会的常务委员会，在委员会全体会议闭会期间，行使委员会职权；在下届代表大会开会期间，继续主持经常工作，直到新的常务委员会产生为止。

党的地方各级委员会的常务委员会定期向委员会全体会议报告工作，接受监督。

第二十九条 党的地区委员会和相当于地区委员会的组织，是党的省、自治区委员会在几个县、自治县、市范围内派出的代表机关。它根据省、自治区委员会的授权，领导本地区的工作。

第五章　党的基层组织

第三十条 企业、农村、机关、学校、医院、科研院所、街道社区、社会组织、人民解放军连队和其他基层单位，凡是有正式党员三人以上的，都应当成立党的基层组织。

党的基层组织，根据工作需要和党员人数，经上级党组织批准，分别设立党的基层委员会、总支部委员会、支部委员会。基层委员会由党员大会或代表大会选举产生，总支部委员会和支部委员会由党员大会选举产生，提出委员候选人要广泛征求党员和群众的意见。

第三十一条 党的基层委员会、总支部委员会、支部委员会每届任期三年至五年。基层委员会、总支部委员会、支部委员会的书记、副书记选举产生后，应报上级党组织批准。

第三十二条 党的基层组织是党在社会基层组织中的战斗堡垒，是党的全部工作和战斗力的基础。它的基本任务是：

（一）宣传和执行党的路线、方针、政策，宣传和执行党中央、上级组织和本组织的决议，充分发挥党员的先锋模范作用，积极创先争优，团结、组织党内外的干部和群众，努力完成本单位所担负的任务。

（二）组织党员认真学习马克思列宁主义、毛泽东思想、邓小平理论、“三个代表”重要思想、科学发展观、习近平新时代中国特色社会主义思想，推进“两学一做”学习教育、党史学习教育常态化制度化，学习党的路线、方针、政策和决议，学习党的基本知识，学习科学、文化、法律和业务知识。

（三）对党员进行教育、管理、监督和服务，提高党员素质，坚定理想信念，增强党性，严格党的组织生活，开展批评和自我批评，维护和执行党的纪律，监督党员切实履行义务，保障党员的权利不受侵犯。加强和改进流动党员管理。

（四）密切联系群众，经常了解群众对党员、党的工作的批评和意见，维护群众的正当权利和利益，做好群众的思想政治工作。

（五）充分发挥党员和群众的积极性创造性，发现、培养和推荐他们中间的优秀人才，鼓励和支持他们在改革开放和社会主义现代化建设中贡献自己的聪明才智。

（六）对要求入党的积极分子进行教育和培养，做好经常性的发展党员工作，重视在生产、工作第一线和青年中发展党员。

（七）监督党员干部和其他任何工作人员严格遵守国家法律法规，严格遵守国家的财政经济法规和人事制度，不得侵占国家、集体和群众的利益。

（八）教育党员和群众自觉抵制不良倾向，坚决同各种违纪违法行为作斗争。

第三十三条 街道、乡、镇党的基层委员会和村、社区党组织，统一领导本地区基层各类组织和各项工作，加强基层社会治理，支持和保证行政组织、经济组织和群众性自治组织充分行使职权。

国有企业党委（党组）发挥领导作用，把方向、管大局、保落实，依照规定讨论和决定企业重大事项。国有企业和集体企业中党的基层组织，围绕企业生产经营开展工作。保证监督党和国家的方针、政策在本企业的贯彻执行；支持股东会、董事会、监事会和经理（厂长）依法行使职权；全心全意依靠职工群众，支持职工代表大会开展工作；参与企业重大问题的决策；加强党组织的自身建设，领导思想政治工作、精神文明建设、统一战线工作和工会、共青团、妇女组织等群团组织。

非公有制经济组织中党的基层组织，贯彻党的方针政策，引导和监督企业遵守国家的法律法规，领导工会、共青团等群团组织，团结凝聚职工群众，维护各方的合法权益，促进企业健康发展。

社会组织中党的基层组织，宣传和执行党的路线、方针、政策，领导工会、共青团等群团组织，教育管理党员，引领服务群众，推动事业发展。

实行行政领导人负责制的事业单位中党的基层组织，发挥战斗堡垒作用。实行党委领导下的行政领导人负责制的事业单位中党的基层组织，对重大问题进行讨论和作出决定，同时保证行政领导人充分行使自己的职权。

各级党和国家机关中党的基层组织，协助行政负责人完成任务，改进工作，对包括行政负责人在内的每个党员进行教育、管理、监督，不领导本单位的业务工作。

第三十四条 党支部是党的基础组织，担负直接教育党员、管理党员、监督党员和组织群众、宣传群众、凝聚群众、服务群众的职责。

第六章　党的干部

第三十五条 党的干部是党的事业的骨干，是人民的公仆，要做到忠诚干净担当。党按照德才兼备、以德为先的原则选拔干部，坚持五湖四海、任人唯贤，坚持事业为上、公道正派，反对任人唯亲，努力实现干部队伍的革命化、年轻化、知识化、专业化。

党重视教育、培训、选拔、考核和监督干部，特别是培养、选拔优秀年轻干部。积极推进干部制度改革。

党重视培养、选拔女干部和少数民族干部。

第三十六条 党的各级领导干部必须信念坚定、为民服务、勤政务实、敢于担当、清正廉洁，模范地履行本章程第三条所规定的党员的各项义务，并且必须具备以下的基本条件：

（一）具有履行职责所需要的马克思列宁主义、毛泽东思想、邓小平理论、“三个代表”重要思想、科学发展观的水平，带头贯彻落实习近平新时代中国特色社会主义思想，努力用马克思主义的立场、观点、方法分析和解决实际问题，坚持讲学习、讲政治、讲正气，经得起各种风浪的考验。

（二）具有共产主义远大理想和中国特色社会主义坚定信念，坚决执行党的基本路线和各项方针、政策，立志改革开放，献身现代化事业，在社会主义建设中艰苦创业，树立正确政绩观，做出经得起实践、人民、历史检验的实绩。

（三）坚持解放思想，实事求是，与时俱进，开拓创新，认真调查研究，能够把党的方针、政策同本地区、本部门的实际相结合，卓有成效地开展工作，讲实话，办实事，求实效。

（四）有强烈的革命事业心和政治责任感，有实践经验，有胜任领导工作的组织能力、文化水平和专业知识。

（五）正确行使人民赋予的权力，坚持原则，依法办事，清正廉洁，勤政为民，以身作则，艰苦朴素，密切联系群众，坚持党的群众路线，自觉地接受党和群众的批评和监督，加强道德修养，讲党性、重品行、作表率，做到自重、自省、自警、自励，反对形式主义、官僚主义、享乐主义和奢靡之风，反对特权思想和特权现象，反对任何滥用职权、谋求私利的行为。

（六）坚持和维护党的民主集中制，有民主作风，有全局观念，善于团结同志，包括团结同自己有不同意见的同志一道工作。

第三十七条 党员干部要善于同党外干部合作共事，尊重他们，虚心学习他们的长处。

党的各级组织要善于发现和推荐有真才实学的党外干部担任领导

工作，保证他们有职有权，充分发挥他们的作用。

第三十八条 党的各级领导干部，无论是由民主选举产生的，或是由领导机关任命的，他们的职务都不是终身的，都可以变动或解除。

年龄和健康状况不适宜于继续担任工作的干部，应当按照国家的规定退、离休。

第七章 党的纪律

第三十九条 党的纪律是党的各级组织和全体党员必须遵守的行为规则，是维护党的团结统一、完成党的任务的保证。党组织必须严格执行和维护党的纪律，共产党员必须自觉接受党的纪律的约束。

第四十条 党的纪律主要包括政治纪律、组织纪律、廉洁纪律、群众纪律、工作纪律、生活纪律。

坚持惩前毖后、治病救人，执纪必严、违纪必究，抓早抓小、防微杜渐，按照错误性质和情节轻重，给以批评教育、责令检查、诫勉直至纪律处分。运用监督执纪“四种形态”，让“红红脸、出出汗”成为常态，党纪处分、组织调整成为管党治党的重要手段，严重违纪、严重触犯刑律的党员必须开除党籍。

党内严格禁止用违反党章和国家法律的手段对待党员，严格禁止打击报复和诬告陷害。违反这些规定的组织或个人必须受到党的纪律和国家法律的追究。

第四十一条 对党员的纪律处分有五种：警告、严重警告、撤销党内职务、留党察看、开除党籍。

留党察看最长不超过两年。党员在留党察看期间没有表决权、选举权和被选举权。党员经过留党察看，确已改正错误的，应当恢复其党员的权利；坚持错误不改的，应当开除党籍。

开除党籍是党内的最高处分。各级党组织在决定或批准开除党员党籍的时候，应当全面研究有关的材料和意见，采取十分慎重的态度。

第四十二条 对党员的纪律处分，必须经过支部大会讨论决定，报党的基层委员会批准；如果涉及的问题比较重要或复杂，或给党员以开除党籍的处分，应分别不同情况，报县级或县级以上党的纪律检查委员会审查批准。在特殊情况下，县级和县级以上各级党的委员会和纪律检查委员会有权直接决定给党员以纪律处分。

对党的中央委员会委员、候补委员，给以警告、严重警告处分，由中央纪律检查委员会常务委员会审议后，报党中央批准。对地方各级党的委员会委员、候补委员，给以警告、严重警告处分，应由上一级纪律检查委员会批准，并报它的同级党的委员会备案。

对党的中央委员会和地方各级委员会的委员、候补委员，给以撤销党内职务、留党察看或开除党籍的处分，必须由本人所在的委员会全体会议三分之二以上的多数决定。在全体会议闭会期间，可以先由中央政治局和地方各级委员会常务委员会作出处理决定，待召开委员会全体会议时予以追认。对地方各级委员会委员和候补委员的上述处分，必须经过上级纪律检查委员会常务委员会审议，由这一级纪律检查委员会报同级党的委员会批准。

严重触犯刑律的中央委员会委员、候补委员，由中央政治局决定开除其党籍；严重触犯刑律的地方各级委员会委员、候补委员，由同级委员会常务委员会决定开除其党籍。

第四十三条 党组织对党员作出处分决定，应当实事求是地查清事实。处分决定所依据的事实材料和处分决定必须同本人见面，听取本人说明情况和申辩。如果本人对处分决定不服，可以提出申诉，有关党组织必须负责处理或者迅速转递，不得扣压。对于确属坚持错误意见和无理要求的人，要给以批评教育。

第四十四条 党组织如果在维护党的纪律方面失职，必须问责。

对于严重违犯党的纪律、本身又不能纠正的党组织，上一级党的委员会在查明核实后，应根据情节严重的程度，作出进行改组或予以解散的决定，并报再上一级党的委员会审查批准，正式宣布执行。

第八章　党的纪律检查机关

第四十五条 党的中央纪律检查委员会在党的中央委员会领导下进行工作。党的地方各级纪律检查委员会和基层纪律检查委员会在同级党的委员会和上级纪律检查委员会双重领导下进行工作。上级党的纪律检查委员会加强对下级纪律检查委员会的领导。

党的各级纪律检查委员会每届任期和同级党的委员会相同。

党的中央纪律检查委员会全体会议，选举常务委员会和书记、副书记，并报党的中央委员会批准。党的地方各级纪律检查委员会全体会议，选举常务委员会和书记、副书记，并由同级党的委员会通过，报上级党的委员会批准。党的基层委员会是设立纪律检查委员会，还是设立纪律检查委员，由它的上一级党组织根据具体情况决定。党的总支部委员会和支部委员会设纪律检查委员。

党的中央和地方纪律检查委员会向同级党和国家机关全面派驻党的纪律检查组，按照规定向有关国有企业、事业单位派驻党的纪律检查组。纪律检查组组长参加驻在单位党的领导组织的有关会议。他们的工作必须受到该单位党的领导组织的支持。

第四十六条 党的各级纪律检查委员会是党内监督专责机关，主要任务是：维护党的章程和其他党内法规，检查党的路线、方针、政策和决议的执行情况，协助党的委员会推进全面从严治党、加强党风建设和组织协调反腐败工作，推动完善党和国家监督体系。

党的各级纪律检查委员会的职责是监督、执纪、问责，要经常对党员进行遵守纪律的教育，作出关于维护党纪的决定；对党的组织和党员领导干部履行职责、行使权力进行监督，受理处置党员群众检举举报，开展谈话提醒、约谈函询；检查和处理党的组织和党员违反党的章程和其他党内法规的比较重要或复杂的案件，决定或取消对这些案件中的党员的处分；进行问责或提出责任追究的建议；受理党员的控告和申诉；保障党员的权利。

各级纪律检查委员会要把处理特别重要或复杂的案件中的问题和处理的结果，向同级党的委员会报告。党的地方各级纪律检查委员会和基层纪律检查委员会要同时向上级纪律检查委员会报告。

各级纪律检查委员会发现同级党的委员会委员有违犯党的纪律的行为，可以先进行初步核实，如果需要立案检查的，应当在向同级党的委员会报告的同时向上一级纪律检查委员会报告；涉及常务委员的，报告上一级纪律检查委员会，由上一级纪律检查委员会进行初步核实，需要审查的，由上一级纪律检查委员会报它的同级党的委员会批准。

第四十七条 上级纪律检查委员会有权检查下级纪律检查委员会的工作，并且有权批准和改变下级纪律检查委员会对于案件所作的决定。如果所要改变的该下级纪律检查委员会的决定，已经得到它的同级党的委员会的批准，这种改变必须经过它的上一级党的委员会批准。

党的地方各级纪律检查委员会和基层纪律检查委员会如果对同级

党的委员会处理案件的决定有不同意见，可以请求上一级纪律检查委员会予以复查；如果发现同级党的委员会或它的成员有违犯党的纪律的情况，在同级党的委员会不给予解决或不给予正确解决的时候，有权向上级纪律检查委员会提出申诉，请求协助处理。

第九章　党组

第四十八条 在中央和地方国家机关、人民团体、经济组织、文化组织和其他非党组织的领导机关中，可以成立党组。党组发挥领导作用。党组的任务，主要是负责贯彻执行党的路线、方针、政策；加强对本单位党的建设的领导，履行全面从严治党责任；讨论和决定本单位的重大问题；做好干部管理工作；讨论和决定基层党组织设置调整和发展党员、处分党员等重要事项；团结党外干部和群众，完成党和国家交给的任务；领导机关和直属单位党组织的工作。

第四十九条 党组的成员，由批准成立党组的党组织决定。党组设书记，必要时还可以设副书记。

党组必须服从批准它成立的党组织领导。

第五十条 在对下属单位实行集中统一领导的国家工作部门和有关单位的领导机关中，可以建立党委，党委的产生办法、职权和工作任务，由中央另行规定。

第十章　党和共产主义青年团的关系

第五十一条 中国共产主义青年团是中国共产党领导的先进青年的群团组织，是广大青年在实践中学习中国特色社会主义和共产主义的学校，是党的助手和后备军。共青团中央委员会受党中央委员会领导。共青团的地方各级组织受同级党的委员会领导，同时受共青团上级组织领导。

第五十二条 党的各级委员会要加强对共青团的领导，注意团的干部的选拔和培训。党要坚决支持共青团根据广大青年的特点和需要，生动活泼地、富于创造性地进行工作，充分发挥团的突击队作用和联系广大青年的桥梁作用。

团的县级和县级以下各级委员会书记，企业事业单位的团委员会书记，是党员的，可以列席同级党的委员会和常务委员会的会议。

第十一章　党徽党旗

第五十三条 中国共产党党徽为镰刀和锤头组成的图案。

第五十四条 中国共产党党旗为旗面缀有金黄色党徽图案的红旗。

第五十五条 中国共产党的党徽党旗是中国共产党的象征和标志。党的各级组织和每一个党员都要维护党徽党旗的尊严。要按照规定制作和使用党徽党旗。

后 记

之前，我从未想过自己会出版一本书，因为论理论功底，自己还有许多需要学习的地方。今天，能够出版本书实属幸运，这里要特别感谢一些人，正因为有了他们，才有了这本书。

2017 年 8 月 4 日，我为 1300 余名来云梦实习实训的大学生讲了题为《做最优秀的自己》的党课，作为党员教育中心主任，讲党课是我的本职工作，尽心尽责去完成是应该的。但是，幸运的是得到了时任孝感市委副秘书长、市委办公室主任李建峰和时任孝昌县委常委、组织部部长李惠芬等领导的赏识，他们分别邀请我到孝感市委办和孝昌县委党校讲党课。在领导们的指点下，自己讲课的能力也得到了不断提升。

同年 12 月 2 日，某副部级领导邀请我到一家中央级报社讲党课。第二天，他到一所大学宣讲党的十九大精神，此行也带上了我，宣讲中，他从和师生们拉家常开始，以精辟的分析、宏阔的视野、活泼的形式，深入浅出地与在场师生们分享了自己的心得体会，引起了我们的强烈共鸣。这是对我影响最深的一次讲座，正因为聆听这次讲座，我深刻认识到自己还存在许多不足之处，让我在今后的讲课中取得长足进步。

随着媒体的不断报道，我的党课讲稿被谬赞为“最燃党课”，全国各地近百名领导干部通过各种方式联系到我，想请我去讲党课，还有几家中央级出版社也联系到我，想为我出版一本书，由于自己才疏学浅，工作也忙，不想被媒体过誉的赞美，只想静下心来搞好学习和做好工作，便一一予以拒绝。

2021年5月，在新华出版社副总编辑赵怀志的多次劝说下，我决定出版本书，希望能和大家一起共同学习、共同进步。近一年的时间里，在赵怀志的悉心帮助下，我将自己近五年时间所讲的内容整理成了三本书，本书则是其中一本，另外两本书正在计划出版中，主题分别是如何当好领导和如何写好公文。

回望这五年，全国各地3000多名领导干部加我微信，他们都是那么热情和善良。

最难忘的是湖北省委组织部和孝感市委组织部的领导对基层干部的鼓励；最难忘的是云梦县委常委、组织部部长刘勤，副部长邹亮、杨志东、殷忠平、万发新等领导对下属的关心；最难忘的是大悟县政协主席刘圣堂，安陆市委常委、组织部部长柳斌对老部下的指导；最难忘的是江门市委党校常务副校长张学东，广州市委财经办秘书处副处长范明祥对朋友的当面教诲，等等。总之，能出版此书绝非我一个人的功劳。在这里，我要诚挚地感谢他们。

接下来的日子，我会更加严格地要求自己，用学习的态度琢磨工作，用吃苦的精神投入工作，用创新的意识扛起工作，用低调的姿态慎待工作，来践行党的根本宗旨。

聂 鑫

2022年11月8日